구구박사님의
10대를 위한 시리즈 ②

SW·AI를 위한
마이크로비트

with MakeCode

2023년 1월 6일 1판 1쇄 발행

저　　자　구덕회 · 좌하은 · 김정은 · 마영지 · 최준기(저자 홈페이지 : http://ai9.kr/mb)
발 행 자　정지숙
마 케 팅　김용환

발 행 처　(주)잇플ITPLE
주　　소　서울 동대문구 답십리로 264 성신빌딩 2층
전　　화　0502.600.4925
팩　　스　0502.600.4924
홈페이지　www.itpleinfo.com
이 메 일　itpleinfo@naver.com
카　　페　http://cafe.naver.com/arduinofun

ISBN　979-11-91198-27-0　　93000

미래의 주인공이 될 10대 여러분 안녕하세요.

이 책은 여러분이 마이크로비트를 통해 코딩과 프로그래밍의 세계를 쉽게 경험할 수 있도록 도움으로써 다가올 미래 사회의 인재로 성장할 수 있는 원동력을 길러주고자 만들어졌습니다.

본격적인 내용에 앞서 코딩과 프로그래밍에 대해 이야기할 필요가 있겠군요. 여러분은 코딩과 프로그래밍에 대해 얼마나 알고 있나요? 코딩이란 어떤 명령을 컴퓨터가 이해할 수 있는 프로그래밍 언어(코드)로 표현하는 것을 말합니다. 간단히 말하자면 외국인을 만났을 때 외국어를 사용해 대화하듯이 컴퓨터와 대화하기 위해 프로그래밍 언어를 사용해 대화하는 것이 코딩이라고 할 수 있습니다. 프로그래밍은 앞서 말한 코딩 작업뿐만 아니라 작업의 순서를 논리적으로 구성하고 오류를 해결해나가는 등의 복잡한 과정을 포함하는 더 넓은 개념이라고 볼 수 있습니다.

그렇다면 프로그래밍은 왜 필요할까요? 이 책을 접하게 될 여러분이라면 뛰어난 프로그래머 즉, 개발자가 되길 원할지도 모르겠습니다. 그러나 코딩과 프로그래밍 교육은 더 이상 특정 대상에게만 이루어지는 직업교육이 아닌 디지털·AI 시대를 살아갈 모든 이들에게 필요한 교육입니다. 프로그래밍을 배움으로써 여러분은 다음과 같은 능력을 키울 수 있습니다.

첫째, 다가오는 인공지능 시대를 맞이하여 새롭게 변화하는 사회에 적응하기 위한 디지털 문해력을 기를 수 있습니다. 사물인터넷(IoT)과 인공지능을 활용한 디지털 기술들은 이미 우리 주변 곳곳에 활용되고 있습니다. 프로그래밍에 대한 경험은 새로운 기술들을 이해하고 활용할 수 있는 중요한 밑바탕이 될 수 있습니다.

둘째, 논리적인 사고력을 기를 수 있습니다. 프로그래밍 과정에서 작업을 효율적으로 나열하고 수정하는 작업은 여러분의 사고력을 한 단계 상승시킬 것입니다. 이러한 작업은 비단 컴퓨터 관련 작업에서만 필요한 능력이 아니라 당장 여러분이 요리하거나 집안일을 할 때도 필요한 능력입니다. 논리적인 사고력을 키울수록 더욱 복잡한 문제도 쉽게 해결할 수 있을 것입니다.

셋째, 창의적인 문제해결력을 키울 수 있습니다. 프로그래밍은 새로운 것을 만들어내는 과정이기도 합니다. 정해진 해결 방법을 따라 하는 것은 누구나 쉽게 할 수 있습니다. 중요한 것은 더 넓게 생각함으로써 새롭고 복잡한 문제 상황을 만나도 유연하게 대처할 수 있는 능력을 기르는 것입니다. 프로그래밍을 통해 새로운 아이디어를 생성하고 수정하는 과정은 10대 여러분의 사고의 폭을 직접 넓힐 수 있는 좋은 계기가 될 것입니다.

혹시 코딩과 프로그래밍이 너무 어렵게 느껴지시나요? C언어나 파이썬과 같은 프로그래밍 언어에 대해 알지 못한다고 겁먹지 않으셔도 된답니다. 이 교재에서 활용하는 마이크로비트와 MakeCode가 여러분이 프로그래밍의 세계에 쉽게 입문할 수 있도록 도와줄 것이기 때문이죠. 마이크로비트는 영국의 BBC에서 설계한 작은 컴퓨터로 CPU와 입출력 장치를 모두 갖춘 프로그래밍을 처음 배우기에 아주 적합한 도구입니다. MakeCode는 마이크로비트를 프로그래밍하기 위한 블록 코딩 도구로 쉽고 빠른 프로그래밍을 가능하게 해줍니다. 초소형 PC이자 피지컬 컴퓨팅 도구인 마이크로비트를 통해 소프트웨어와 하드웨어가 어떻게 작동하게 되는지 이해하고 다양한 센서를 통해 현실 세계의 정보를 수집할 수 있습니다. 그뿐만 아니라 출력장치를 활용하여 프로그래밍의 결과가 실제 세계에서 작동하는 피지컬 컴퓨팅의 과정까지 두 손으로 직접 경험하게 될 것입니다.

10대 여러분! 마이크로비트를 통해 프로그래밍 과정을 실습하고 피지컬 컴퓨팅에 도전하세요. 여러분 스스로 창의적이고 논리적으로 문제를 해결하는 능력을 키우는 것은 미래에 큰 도움이 될 것입니다. 이 책을 통해 여러분들이 다양한 문제를 주체적으로 해결할 수 있는 디지털 사회의 훌륭한 인재로 성장할 수 있길 바랍니다.

이 책은 이렇게 만들어졌어요.

이 책은 세 부분으로 나누어져 있습니다. 마이크로비트를 활용하기 위한 기초적인 내용과 이야기 속 문제를 해결하기 위한 마이크로비트 프로젝트가 총 세 개의 걸음으로 준비되어 있어요.

한 걸음. 마이크로비트 알아보기

먼저 마이크로비트의 구조와 기능에 대해 살펴볼 거예요. 마이크로비트에는 다양한 센서와 입출력장치가 내장되어 있어요. 마이크로비트로 할 수 있는 일에는 어떤 것들이 있는지 알아보고 MakeCode 프로그램의 사용 방법을 익혀 실생활 문제해결 프로젝트를 수행하기 위한 기초능력을 길러 보아요. 차근차근 책을 따라가다 보면 어느새 프로그래밍의 매력에 빠진 여러분을 발견할 수 있을 거예요.

두 걸음. 마이크로비트 기본 프로젝트

프로그래밍을 통한 문제해결 프로젝트를 수행해요. 여러분은 마이크로비트의 내장 센서를 활용하여 피지컬 컴퓨팅의 세계에 입문하게 될 거예요. LED 전광판, 효과음 작곡하기, 생일 축하카드 만들기와 같은 알찬 프로젝트가 여러분을 기다리고 있어요.

세 걸음. 마이크로비트 확장 프로젝트

한 걸음 더 나아가 외장 모듈을 활용한 피지컬 컴퓨팅이 여러분을 기다리고 있어요. 프라이버시 지킴이나 AI 손 건조기와 같은 프로젝트 수행 과정에서 디지털 제품의 동작 원리를 체험하고 우리 생활 속에 자리 잡아가고 있는 인공지능과 사물인터넷(IoT) 기술에 대해서도 이해할 수 있어요.

문제해결 프로젝트는 기본적으로 다음과 같은 순서에 따라 진행돼요.
각 단계에서 수행해야 할 내용을 알아보고 궁금한 내용이 생기면 해당하는 부분을
다시 찾아보아요.

문제 상황	살펴보기	따라 하기	응용하기
이야기를 통해 문제상황에 공감하고 배울 내용을 구체적으로 살펴보아요.	각각의 프로젝트에 주로 사용되는 센서나 모듈에 대해 알아보고 프로젝트에서 사용할 알고리즘을 확인해요.	필요한 준비물과 하드웨어를 연결하고 MakeCode를 이용해 프로젝트를 완성해요	프로젝트의 조건을 바꿔보거나 창의력을 발휘하여 새롭게 도전해요.

궁금해요 구구박사님!

이 책을 읽어나가다 보면 자주 마주치게 되
는 반가운 얼굴이 있어요. 바로 구구박사님
인데요. 구구박사님은 여러분이 이 책을 따
라 실습을 진행하면서 생길 수 있는 호기심
을 해결해주는 만능 박사님이랍니다.

 책 속에 등장하는 구구박사님을 지나치지
않고 꼼꼼히 읽어나간다면 마이크로비트나
MakeCode뿐만 아니라 디지털 전반에 대
한 여러분의 배경 지식이 쑥쑥 늘어나는 것을 느낄 수 있을 거예요.

> **궁금해요, 구구박사님!**
>
> **입출력이 무엇인가요?**
>
> 입출력은 입력(Input)과 출력(Output)을 합
> 할 수 있게 해주는 하드웨어를 의미하고, 출ㄹ
> 에게 알려주는 장치를 의미해요.
>
> 스마트폰을 예로 들어볼까요? 여러분이 스마
> 생 버튼을 누르는 것은 입력 장치를 사용하ㅇ
> 하는 것이에요. 이때 명령을 받은 스마트폰이
> 소리가 나오게 되어요.
>
> 이처럼 스마트폰의 스크린을 터치하거나 자

마이크로비트 (V2) 기본 세트		마이크로비트 본체, USB케이블, 배터리팩, 건전지가 포함된 구성이에요. USB케이블을 통해 마이크로비트와 컴퓨터를 연결하여 MakeCode에서 작성한 내용을 다운로드할 수 있어요. 전원을 공급해주는 배터리팩을 연결하면 컴퓨터와 연결하지 않아도 언제 어디서든 내가 만든 프로그램을 실행시킬 수 있어요.
확장보드		마이크로비트용 IoT 확장 보드에요. GPIO 포트, 직렬 포트, I2C 포트 및 SPI 포트를 연결할 수 있으며 출력 전압을 조절할 수 있는 기능을 포함하고 있어 다양한 모듈을 연결하여 사용할 수 있어요.
인체감지 센서		인체감지 센서는 사람이나 동물에게서 방출되는 적외선을 통해 움직임을 감지해요. 감지 거리는 약 4~5m이며 주로 자동으로 켜지는 등이나 도난 방지 시스템 등에 사용해요.
LED(파랑)		파란색 빛을 내는 5파이 LED 모듈입니다. 다양한 인터페이스와 쉽게 연결할 수 있어요. LED의 밝기는 아날로그 출력을 통해 조절할 수 있어요.
DC모터+날개		전력을 받아 회전하는 동력장치로 회전축에 날개 등을 달아 활용해요.
3색 점퍼선		GVS핀을 이용해 확장 보드와 외부모듈을 연결할 수 있는 점퍼선이에요.

들어가기 전에

목차

한 걸음,
마이크로비트 알아보기 _13

두 걸음,
마이크로비트 기본 프로젝트 _45

세 걸음,
마이크로비트 확장 프로젝트 _83

참고 자료 내려받기

이 책의 참고 자료는 잇플 홈페이지에서 한 번에 다운받을 수 있어요.

1. 검색창에 http://www.itpleinfo.com 를 입력하고, 잇플 홈페이지에 접속해요.
아래와 같은 화면이 보이면 [커뮤니티] 메뉴를 선택해요.

주소: www.itpleinfo.com

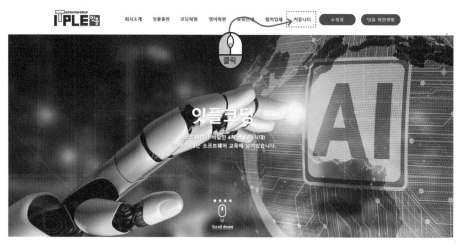

[잇플 홈페이지 메인 화면]

2. 커뮤니티 메뉴에서 자료실을 클릭해요.

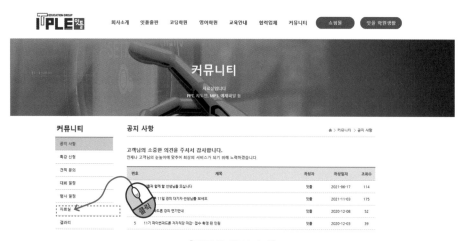

[자료실 들어가기]

3. [커뮤니티] 메뉴에서 [자료실]을 클릭해요. 자료실에는 프로그래밍과 관련된 다양한 자료들이 올라와 있어요. 여러 메뉴 중 [구구박사]를 클릭하면, 10대를 위한 마이크로비트 게시글이 보여요.

4. 다운로드를 클릭하면, 예제 파일을 다운받을 수 있어요.

예제 파일은 zip 형식으로 제공되니 압축을 풀어서 사용하면 되어요.

[예제 파일 다운로드]

저자가 직접 운영하는 홈페이지에서도 관련 파일을 다운받을 수 있어요!

http://ai9.kr/mb

SW·AI를 위한
마이크로비트 with MakeCode

한 걸음

마이크로비트
알아보기

여러분, 안녕하세요? 만나서 반가워요!

저는 여러분과 함께할 마이크로비트에요. 지금부터 저와 함께 멋진 작품들을 만들면서 즐거운 여행을 떠나볼 거예요.

본격적으로 여행을 떠나기 전에, 먼저, 저를 소개할게요.

 이번 장에서는 무엇을 배울까요?

● 마이크로비트가 무엇인지 이해할 수 있다.

● 마이크로비트 센서의 종류를 알고 구분할 수 있다.

● 마이크로비트와 컴퓨터를 연결할 수 있다.

① 살펴보기

(1) 마이크로비트는 무엇일까요?

❶ 마이크로비트

- 마이크로비트는 영국의 BBC가 컴퓨터 교육용으로 설계한 작은 크기의 컴퓨터예요.

- 마이크로비트를 통해 하드웨어와 소프트웨어가 어떻게 함께 작동하는지 배울 수 있어요.

궁금해요, 구구박사님! ···

하드웨어? 소프트웨어가 무엇인가요?

컴퓨터 시스템에는 하드웨어와 소프트웨어가 있어요.

하드웨어(Hardware)란, 컴퓨터가 작동하는 데 필요한 물리적 요소를 의미해요.

쉽게 생각하면, 손으로 만질 수 있는 중앙 처리 장치, 기억 장치, 모니터, 마우스, 키보드, 하드 디스크 등과 같은 장치들이 하드웨어예요.

반면에 소프트웨어(Software)란, 컴퓨터 안에서 작동되는 프로그램을 의미해요.

소프트웨어는 손으로 만질 수 없지만, 하드웨어를 움직이는 신호를 보내요.

예를 들어, 윈도우, 리눅스와 같은 운영 체제와 인터넷 브라우저, 워드 프로세서, 스프레드시트와 같은 응용 소프트웨어가 있어요.

···

(2) 어떻게 움직일까요?

- 마이크로비트는 컴퓨터로부터 전달받은 명령에 따라 움직여요. 따라서 마이크로비트를 동작시키기 위해서는 마이크로비트에게 실행할 명령을 전달해야 해요.

- 마이크로비트에게 전달할 명령을 프로그램(또는 소프트웨어)이라고 불러요.

전달

- 프로그램에는 MakeCode와 파이썬 프로그래밍 언어와 같은 다양한 종류가 있어요. 처음 시작하는 초보자에게는 블록 코딩 기반의 MakeCode가 사용하기 쉬워요. 이 책에서는 앞으로 MakeCode를 사용할 거예요. MakeCode에 대해서는 2장에서 자세히 알아보도록 해요.

마이크로소프트사의 MakeCode

텍스트 기반 파이썬 프로그래밍 언어

(3) 마이크로비트를 관찰해볼까요?

- 마이크로비트에는 두 가지 버전이 있어요. 하나는 V1이고, 다른 하나는 V2에요. 마이크로비트의 버전에 따라 활용할 수 있는 기능이 다르기 때문에, 가지고 있는 마이크로비트의 버전을 확인해주어야 해요.

- 교재의 학습을 도와주기 위한 키트에는 마이크로비트 V2.2가 들어있어요. (V2.2는 V2와 약간의 차이가 있다는 의미에요. 따라서 V2를 기준으로 생각해도 되어요.)

① 앞면을 비교해볼까요?

터치센서 로고

내장 마이크,
마이크 LED

마이크로비트 V1.5

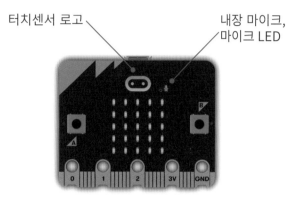

마이크로비트 V2

② 뒷면을 비교해볼까요?

전원 표시등

마이크

마이크로비트 V1.5

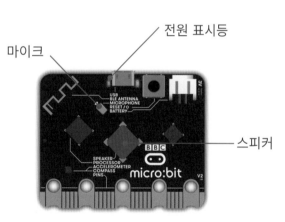

스피커

마이크로비트 V2

(4) 어떤 기능일까요?

- 마이크로비트에는 다양한 입출력 장치들이 있어 마이크로비트 하나만 가지고도 재미있는 작품들을 만들 수 있어요. LED 전광판을 만들어 친구들을 응원할 수도 있고, 버튼을 이용하여 재미있는 게임을 만들 수도 있어요.

- 마이크로비트의 입출력 장치에는 어떤 것들이 있는지 살펴볼까요?
  (*표시된 장치들은 마이크로비트 V2에서만 지원해요.)

종류	입력 장치	출력 장치
장치	버튼, 빛 센서, 온도 센서, 가속도 센서, 자기 센서 마이크*, 터치 센서*	LED 내장 스피커*

- 그 외에도 마이크로비트에는 무선 라디오 기능이 있어 서로 정보를 주고받을 수 있어요. 마이크로비트에 내장된 장치 외에도 핀을 활용하여 외부 입출력 장치를 추가하면 더욱 다양한 작품을 만들 수 있어요.

궁금해요, 구구박사님! ···

입출력이 무엇인가요?

입출력은 입력(Input)과 출력(Output)을 합친 단어에요. 입력 장치는 데이터를 컴퓨터에 입력할 수 있게 해주는 장치를 의미해요. 반면에 출력 장치는 컴퓨터에 들어있는 정보를 사람에게 전달하는 장치를 의미해요.

스마트폰을 예로 들어볼까요? 여러분이 스마트폰으로 음악을 듣기 위해 스크린의 재생 버튼을 누르는 것은 입력 장치를 사용하여 스마트폰에게 음악을 재생하라고 명령하는 것이에요. 이때 명령을 받은 스마트폰이 음악을 재생하면, 출력 장치인 스피커로 소리가 나오게 되어요.

이처럼 스마트폰의 스크린을 터치하거나 자판을 입력하는 것은 입력 장치, 화면으로 메시지를 보여주거나 스피커로 소리를 출력하는 것은 출력 장치에요.

···

● 마이크로비트에는 어떤 기능들이 있을까요? 마이크로비트의 앞면과 뒷면을 하나씩 살펴볼까요? (*표시는 V2에 새롭게 추가된 기능을 의미해요.)

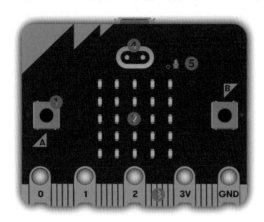

마이크로비트 V2 (앞면)

❶	버튼	마이크로비트에는 버튼이 두 개 있어요. 그림에서 왼쪽에 있는 버튼을 A 버튼,오른쪽에 있는 버튼을 B 버튼이라고 불러요.
❷	LED 스크린	마이크로비트에는 5X5개의 LED 스크린이 있어. 다양한 아이콘과 텍스트를 표시할 수 있어요.
	빛센서 (조도 센서)	빛센서는 빛의 수준을 감지하여 반응할 수 있어요.
❸	핀	핀을 사용하면 마이크로비트에 외부 장치를 연결하여 기능을 추가할 수 있어요.
❹	터치 센서 로고*	로고에는 터치 센서가 있어 로고를 터치하면 마이크로비트가 반응하도록 설정할 수 있어요.
❺	마이크 LED*	마이크로비트에는 내장 마이크가 있어, 소리의 크기를 측정할 수 있어요. 소리의 크기를 측정할 때는 마이크 LED에 불이 켜지며 LED 왼쪽에 있는 구멍을 통해 소리를 인식해요.

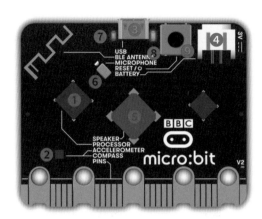

마이크로비트 V2 (뒷면)

❶	프로세서와 온도 센서	프로세서는 명령을 가져와 수행하는 역할을 해요. 또한, 프로세서 내부에 온도 센서를 포함하고 있어 마이크로비트의 주변 온도를 섭씨(℃) 단위로 측정할 수 있어요.
❷	자기 센서	자기 센서는 나침반 센서라고 부르기도 해요. 지구의 자기장을 감지해 마이크로비트가 향하고 있는 방위(동서남북)를 알 수 있어요.
	가속도 센서	가속도 센서는 마이크로비트의 기울어짐이나 움직임을 감지해요. 마이크로비트의 흔들림, 자유낙하, 방향 등을 알아낼 수 있어요.
❸	마이크로 USB 소켓	마이크로비트와 컴퓨터를 연결할 수 있어요.
❹	배터리 소켓	마이크로비트에 배터리를 연결할 수 있어요.
❺	스피커*	스피커를 통해 소리를 출력할 수 있어요.
❻	마이크*	마이크로 주변의 소리 크기를 측정할 수 있어요.
❼	빨간색 전원 LED*	마이크로비트의 전원이 들어오면 불이 켜져요.
❽	노란색 USB LED*	마이크로비트와 컴퓨터를 연결하면 불이 켜져요.
❾	재설정 및 전원 버튼*	버튼을 누르면 마이크로비트를 재설정하고 프로그램을 처음부터 다시 실행할 수 있어요.

② 따라하기

(1) 어떻게 연결할까요?

❶ 필요한 준비물

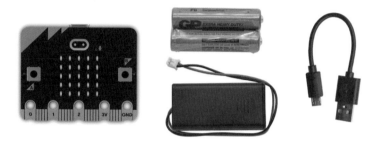

마이크로비트(V2) 세트

- 마이크로비트를 작동하기 위해서는 USB 케이블과 컴퓨터가 필요해요.
- USB 케이블은 마이크로비트로 명령을 전달하는 데 사용해요.

❷ 연결 방법

마이크로비트와
USB 케이블을
연결해요.

USB 케이블과 컴퓨터를 연결해요.

마이크로비트에 불이
들어왔는지 확인해요.

❸ 연결 화면

● 컴퓨터에 다음과 같이 MICROBIT 폴더가 보이면 연결 성공이에요!
(컴퓨터마다 연결된 드라이브의 갯수는 달라 D: 부분은 다를 수 있어요.)

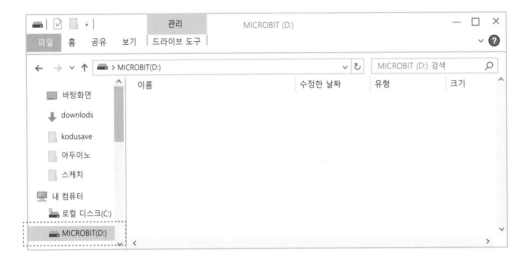

❹ 배터리 연결 방법

● .hex 파일을 다운로드해서 마이크로비트에 넣은 뒤, 배터리팩을 연결하면 마이크로비트를 컴퓨터에 연결하지 않고도 저장된 명령을 실행할 수 있어요.

AAA건전지 2개를 배터리팩에 넣고, 배터리팩을 마이크로비트에 연결해요.

마이크로비트와의 여행을 도와줄 MakeCode! MakeCode에는 마이크로비트를 프로그래밍하기 위한 블록 코딩 도구가 있어 쉽고 빠른 프로그래밍을 가능하게 해주어요.

이번 장에서는 MakeCode에 접속해 활용하는 방법을 알아보아요.

MakeCode의 여러 메뉴와 마이크로비트 프로그래밍에 활용할 다양한 블록도 함께 살펴볼까요?

이번 장에서는 무엇을 배울까요?

● MakeCode에 접속해 여러 기능을 살펴볼 수 있다.

● MakeCode로 만든 프로젝트를 저장하여 마이크로비트로 옮길 수 있다.

● 마이크로비트 프로그래밍에 활용할 여러 메뉴와 다양한 블록에 대해 알 수 있다.

① MakeCode 살펴보기

(1) makecode.microbit.org 들어가기

직접 주소창에 makecode.microbit.org 주소를 입력해서 들어가거나 검색창에 MakeCode 또는 메이크코드를 입력하고 Microsoft MakeCode for micro:bit를 선택하여 들어가요.

(2) MakeCode 메인 화면 둘러보기

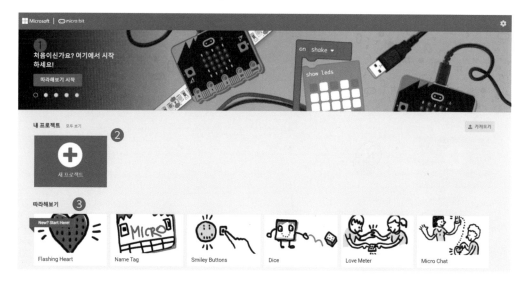

MakeCode의 메인 화면이에요.

내 프로젝트는 마이크로비트 프로젝트를 만들 수 있는 곳이고, 따라해보기에는 다양한 예제 파일이 있어 쉽게 따라 해볼 수 있어요.

(3) MakeCode 언어 설정하기

MakeCode의 언어가 다른 나라의 언어라면 메인 화면의 톱니바퀴 아이콘을 눌러 언어를 선택하고 한국어 또는 활용하기 편한 언어로 바꿀 수 있어요.

(4) 새 프로젝트 생성하기

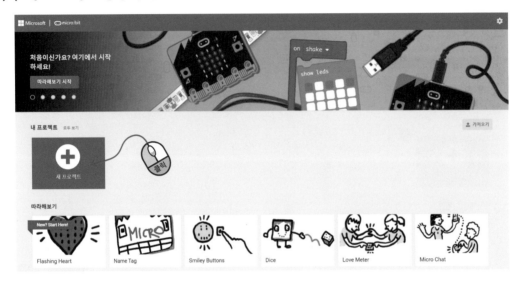

프로젝트를 만들기 위해 새 프로젝트를 클릭해요.

(5) 새 프로젝트 이름 입력하기

새 프로젝트의 이름을 입력한 뒤, 초록색 생성 버튼을 누르면 프로젝트가 만들어져요.

(6) 프로젝트 화면 둘러보기

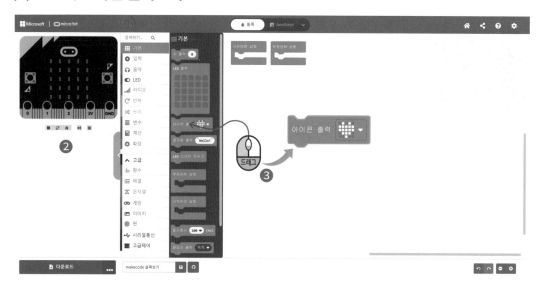

프로젝트를 생성하면 블록을 연결하여 프로그래밍할 수 있는 화면이 나타나요.

왼쪽에는 마이크로비트가 프로그래밍에 따라 작동하는 모습을 미리 볼 수 있도록 시뮬레이터가 있어요. 마이크로비트 창 오른쪽에는 프로그래밍에 활용할 수 있는 블록들이 있는 기본, 입력, 음악 등의 메뉴가 있어요.

블록을 끌어와 오른쪽 빈 공간에 놓아주면 프로그래밍을 할 수 있어요.

(7) 프로젝트 다운로드 하기

프로젝트를 완성한 뒤, 마이크로비트로 프로젝트를 옮기기 위해 다운로드를 해야 해요. 다운로드 버튼을 눌러 만든 프로젝트를 컴퓨터 폴더로 다운로드 해요.

(8) 프로젝트 파일 옮기기

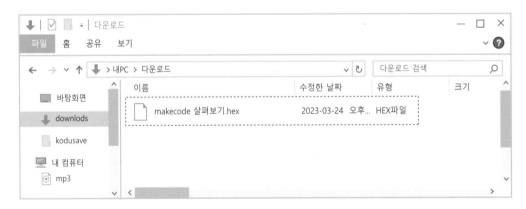

프로젝트 파일이 저장된 폴더를 찾아. hex 파일을 확인해요.

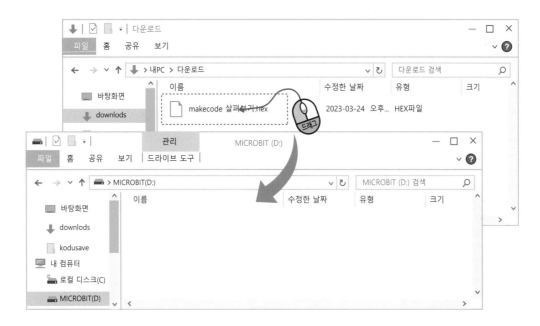

저장된 .hex 파일을 마이크로비트 폴더로 이동하기 위해 컴퓨터와 마이크로비트를 연결하면 나타나는 MICROBIT 폴더를 선택하고 드래그하여 파일을 복사해요. 단축키인 ctrl+c로 복사하여 ctrl+v로 붙여넣기 해도 좋아요.

.hex 파일이 잘 이동했는지 확인해요. 잘 이동했다면 프로그래밍에 따라 마이크로비트가 작동할 거예요.

② MakeCode 블록 살펴보기

(1) 기본 메뉴의 블록

- 기본 메뉴에는 마이크로비트의 무한 반복 실행, 시작하면 실행 블록 등 기본적인 마이크로비트 실행에 활용할 수 있는 블록이 있어요.

- 수 출력, LED 출력, 아이콘 출력 등의 블록이 있어 LED를 다양하게 출력할 수 있어요.

(2) 입력 메뉴의 블록

◉ 더 보기

기울기센서 앞-뒤 ▼ 값(°)

자기센서 x축 ▼ 값(μT)

작동시간(ms)

작동시간(μs)

자기센서 보정 실행

P0 ▼ 끊어(off)지면 실행

가속도센서 가속도 1g ▼ 감지하도록 설정

micro:bit (V2)

소리 크게 ▼ 기준값을 128 로 설정

● 입력 메뉴에는 마이크로비트의 스위치, 움직임, 센서값 등이 입력되거나 감지되었을 때
사용할 수 있는 블록이 있어요.

● A 누르면 실행, 흔들림 감지하면 실행 등의 블록있어 마이크로비트에 내장된 다양한
센서의 값을 입력값으로 사용할 수 있어요.

(3) 음악 메뉴의 블록

🎧 음악

멜로디

♫⬜⬜⬜⬜⬜⬜ 멜로디를 120 (bpm) 빠르기로 출력

음정

도 1 ▼ 박자 출력

도 (Hz) 출력

1 ▼ 박자 (ms) 유지

도

음량

음량을 127 로 설정

음량

모든 소리 끄기

빠르기(bpm)

빠르기(분당 박자 개수)를 20 만큼 변경

빠르기(분당 박자 개수)를 120 으로 설정

1 ▼ 박자

현재 빠르기(분당 박자 개수)

멜로디 고급   micro:bit (V2)

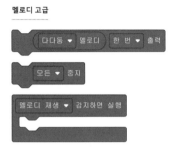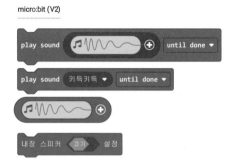

- 음악 메뉴에는 마이크로비트가 멜로디와 같은 음악을 다양하게 프로그래밍해서 출력할 수 있는 블록이 있어요.

- MakeCode에서 제공하는 멜로디를 활용할 수도 있고 스스로 간단한 멜로디를 만들어볼 수도 있어요.

(4) LED 메뉴의 블록

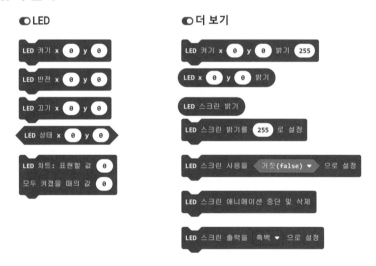

- LED 메뉴에는 마이크로비트의 LED를 다양하게 활용할 수 있는 블록이 있어요.

- LED 켜기, LED 끄기 등의 블록은 설정한 LED의 좌표에 알맞게 LED를 출력할 때 사용할 수 있어요.

(5) 라디오 메뉴의 블록

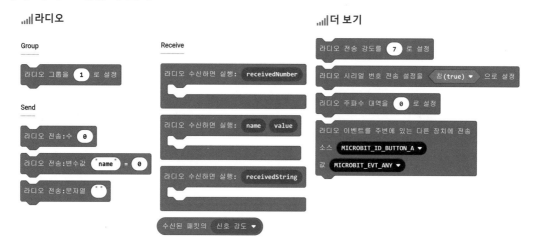

- 라디오 메뉴에는 주파수 통신을 통해 마이크로비트끼리 소통할 수 있는 블록이 있어요.

- 데이터를 주고 받거나 라디오를 수신하면 실행 등의 블록을 사용할 수 있어요.

(6) 반복 메뉴의 블록

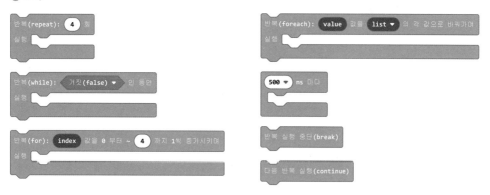

- 반복 메뉴에는 필요한 경우 명령을 특정 횟수만큼 반복하거나 조건에 따라 실행할 수 있는 블록이 있어요.

- 설정한 반복 횟수나 반복 조건에 따라 명령을 실행할 때 사용할 수 있어요.

(7) 논리 메뉴의 블록

🔀 논리

조건/선택 실행   비교 연산   불(참, 거짓) 논리 연산

- 논리 메뉴에는 조건을 설정하거나 설정한 조건을 만족하거나 만족하지 못한 경우에 따라 실행을 다르게 하는 블록이 있어요.

- 비교 연산이나 참, 거짓 블록이 있어 조건에 따른 프로그래밍에 사용할 수 있어요.

(8) 변수 메뉴의 블록

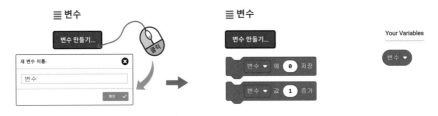

- 변수 메뉴에는 변하는 데이터를 저장해 활용할 수 있도록 변수를 생성하는 블록이 있어요.

- 변수를 만들어 이름을 설정하고 변수의 값을 저장하거나 증가시킬 때 사용할 수 있어요.

(9) 계산 메뉴의 블록

🖩 계산

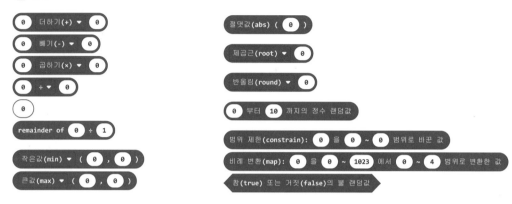

- 계산 메뉴에는 숫자 연산을 하거나 정수 랜덤값 등을 활용할 수 있는 블록이 있어요.
- 다양한 연산자로 계산을 해야 할 때나 정수 랜덤값이 필요할 때 사용할 수 있어요.

(10) 확장 메뉴

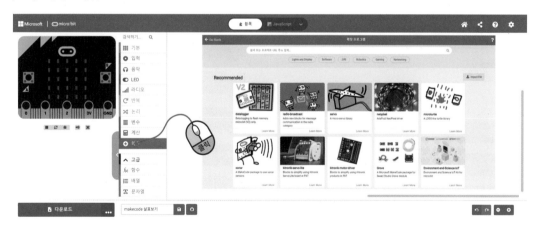

- 확장 메뉴는 필요한 블록꾸러미를 추가할 수 있는 메뉴예요.
- 마이크로비트 키트를 이용할 때 확장 블록꾸러미를 추가하여 활용할 수 있어요.

(11) 함수 메뉴의 블록

$f_{(x)}$ 함수

- 함수 메뉴에는 반복되는 명령을 한 개의 함수로 만들어 사용할 수 있는 메뉴가 있어요.
- 함수 만들기 버튼을 눌러 원하는 명령을 프로그래밍하여 활용할 수 있어요.

(12) 배열 메뉴의 블록

⋮≡ 배열

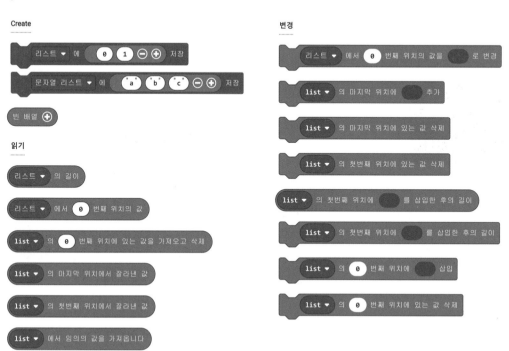

실행

● 배열 메뉴에는 데이터를 리스트(목록)로 저장하여 사용할 수 있는 블록이 있어요.

● 리스트에 데이터를 저장하거나 추가, 삭제, 변경할 수 있어 여러 개의 데이터 저장이 필요한 경우 활용할 수 있어요.

(13) 문자열 메뉴의 블록

🔡 문자열

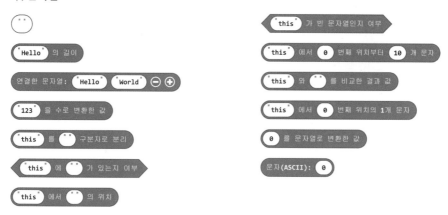

● 문자열 메뉴에는 문자의 길이나 값을 활용할 수 있는 블록이 있어요.

● 문자를 수로 변환한 값 또는 수를 문자열로 변환한 값 블록, 문자열 간 비교할 수 있는 블록 등을 사용할 수 있어요.

(14) 게임 메뉴의 블록

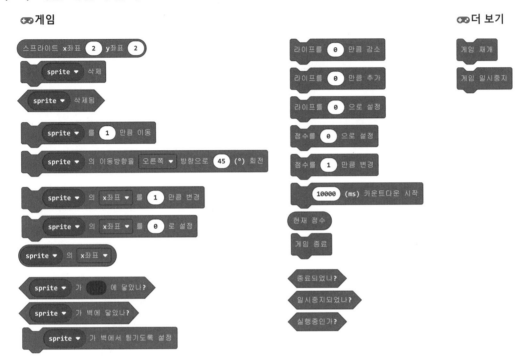

- 게임 메뉴에는 마이크로비트로 게임을 만들 때 활용할 수 있는 스프라이트, 라이프 등의 블록이 있어요.

- 스프라이트의 좌표 위치 설정, 라이프 값 설정, 점수 설정, 카운트다운 등의 블록이 있어 게임을 만들 때 사용할 수 있어요.

(15) 이미지 메뉴의 블록

🖼 이미지

- 이미지 메뉴에는 변수에 LED로 표시되는 이미지 값을 저장해 사용할 수 있는 블록이 있어요.

- 직접 만든 이미지나 아이콘 이미지의 값을 변수로 정할 필요성이 있는 경우때 활용할수 있어요.

(16) 핀 메뉴의 블록

◎ 핀

P0 ▼ 의 디지털 입력 값

P0 ▼ 에 디지털 값 0 출력

P0 ▼ 의 아날로그 입력 값

P0 ▼ 에 아날로그 값 1023 출력

비례 변환(map): 0
최소 0
최대 1023
에서
최소 0
최대 4
범위로 변환한 값

P0 ▼ 의 아날로그 PWM 출력 주기를 20000 (μs) 로 설정

핀 P0 ▼ 을 소리 출력으로 설정

set audio pin enabled 거짓(false) ▼

서보

P0 ▼ 에 서보 값 180 출력

P0 ▼ 의 서보 펄스 폭을 1500 (μs) 로 설정

◎ 더 보기

핀

- P0 ▼ 의 저항을 pull- up ▼ 으로 설정

- 0 (Hz) 로 0 (ms) 동안 PWM 출력

- P0 ▼ 에 의해 엣지 커넥터 ▼ 이벤트가 발생되도록 설정

- P0 ▼ 을 아날로그 출력으로 설정

- 네오픽셀 매트릭스 너비 핀 P0 ▼ 5

Pulse

- P0 ▼ 에서 high ▼ 펄스 감지되면 실행

- 펄스 지속시간(μs)
- P0 ▼ 의 high ▼ 펄스 지속시간(μs)

I2C

- i2c read number at address 0 of format Int8LE ▼ repeated 거짓(false) ▼

- i2c 통신 수 전송
  - 주소 0
  - 값 0
  - 형식 Int8LE ▼
  - 반복 거짓(false) ▼

SPI

- SPI통신 주파수를 1000000 (Hz) 로 설정

- SPI통신 형식을 bits 8 mode 3 으로 설정

- SPI통신으로 0 을 전송한 결과

- SPI통신 핀을 MOSI P0 ▼ MISO P0 ▼ SCK P0 ▼ 으로 설정

micro:bit (V2)

- P0 ▼ 을(를) 터치 모드 정전식 ▼ 로 설정

- 핀 메뉴에는 마이크로비트 핀에 입력된 값을 아날로그 값이나 디지털 값으로 출력할 때 사용할 수 있는 블록이 있어요.

- 핀의 입력값에 따른 출력값을 설정하거나 서보의 값 설정이 필요할 때 사용할 수 있어요.

(17) 시리얼통신 메뉴의 블록

시리얼통신

더 보기

시리얼통신 **tx** 버퍼 크기를 32 로 설정

시리얼통신 **rx** 버퍼 크기를 32 로 설정

시리얼통신 전송: 0 문자 버퍼값

0 문자 버퍼값

시리얼통신 여백을 0 로 설정

설정

시리얼통신 속도(baud)를 115200 ▼ 로 설정

- 시리얼통신 메뉴에는 컴퓨터와 마이크로비트를 연결하여 두 기기 간의 통신이 필요할 때 사용할 수 있는 블록이 있어요.

- 키보드의 입력값을 마이크로비트에 출력할 때 사용할 수 있어요.

(18) 고급제어 메뉴의 블록

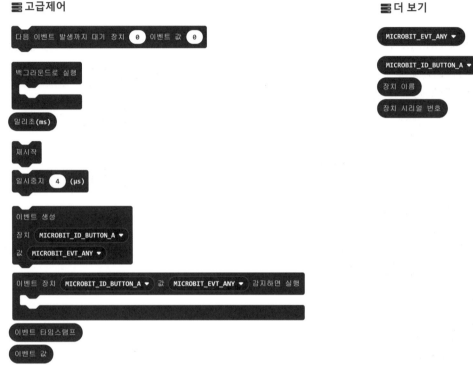

- 고급제어 메뉴에는 백그라운드 실행, 재시작, 일시중지 등의 블록이 있어요.

- 마이크로비트의 작동에 영향을 주지 않고 코드를 실행하는 백그라운드 모드가 필요할 때 사용할 수 있어요.

SW·AI를 위한
마이크로비트 with MakeCode

두 걸음

마이크로비트
기본 프로젝트

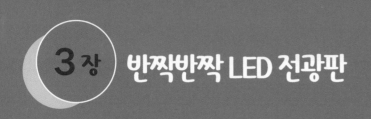

3장 반짝반짝 LED 전광판

오늘은 작은 음악회 공연이 펼쳐지는 날! 참가자들의 다채로운 공연이 펼쳐질 예정이에요! 열심히 준비한 친구들에게 소리 높여 응원해주고 싶은 마음이 굴뚝같아요. 하지만 공연 중에 큰 소리를 내면 음악회 진행에 방해가 될 것 같아요. 공연 관람을 방해하지 않으면서 응원의 메시지를 전하려면 어떻게 해야 할까요?

마이크로비트의 LED 기능을 활용해서 친구들에게 반짝이는 응원의 메시지를 전달할 수 있는 LED 전광판을 만들어보면 어떨까요?

 이번 장에서는 무엇을 배울까요?

- 마이크로비트의 LED 구성과 출력 방법을 이해할 수 있다.
- 기본 블록을 활용하여 LED에 아이콘과 문자열을 출력할 수 있다.
- 나만의 응원 전광판을 창의적으로 구성하여 표현할 수 있다.

① 살펴보기

(1) LED를 알아볼까요?

LED란?

- LED는 전기가 흐르면 빛이 나는 출력 장치로 발광다이오드 (Light Emitting Diode)를 뜻해요.

- LED는 에너지를 적게 소모하기 때문에 기존 전구에 비해 수명이 길고 밝기가 밝으며 응답 속도가 빨라서 보다 다양한 목적으로 사용할 수 있답니다.

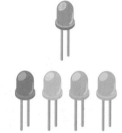

- 우리 주변에서도 천장의 조명뿐만 아니라 스마트폰을 비롯한 다양한 전자기기에 LED를 사용하고 있어요. 자리에서 일어나 우리 주변의 LED를 찾아볼까요?

(2) 마이크로비트 속 LED를 만나볼까요?

- 마이크로비트의 앞면에는 25개의 LED가 5x5의 형태로 내장되어 있어요. 이 부분을 LED스크린(화면)이라고 해요.

- 코드를 사용하면 마이크로비트의 LED를 통해 문자, 그림, 숫자를 표현할 수 있고 하나하나의 LED도 프로그래밍을 통해 켜고 끌 수 있답니다.

- 놀라지 마세요! 마이크로비트의 LED 부분에는 빛 센서가 내장되어 있어서 주변의 불빛을 감지하거나 빛의 세기를 측정하는 데에도 사용할 수 있어요!

(3) 어떻게 움직일까요?

- 마이크로비트의 LED에 프로그래밍된 응원 메시지가 반복되어 출력돼요.

    ❶ LED에 행복함 아이콘이 나타나요.

    ❷ LED에 응원 문구와 응원하는 사람의 이름이 나타나요.

    ❸ LED에 하트 아이콘이 나타나요.

(3) 완성된 작품을 미리 볼까요?

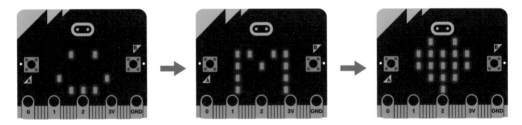

② 살펴보기

(1) 어떻게 연결할까요?

- 필요한 준비물

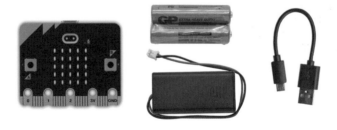

마이크로비트(V2) 세트

(2) 어떻게 코딩할까요?

❶ 필요한 코드

❷ 코딩 방법

STEP 1 프로젝트 환경 설정하기

● MakeCode 편집기에서 새 프로젝트를 클릭하고, 프로젝트 이름은 "(3장) 반짝반짝 LED 전광판"으로 설정해요.

STEP 2 아이콘과 문자열 출력하기

● 기본 메뉴를 누르면 아래와 같이 LED를 조작할 수 있는 수 출력, LED 출력, 아이콘 출력, 문자열 출력, LED 스크린 지우기 등의 블록을 확인할 수 있어요.

❶ 아이콘을 출력하기 위해 기본 메뉴에서 아이콘 출력 블록을 가져와 무한반복 실행 블록 안에 연결해요.

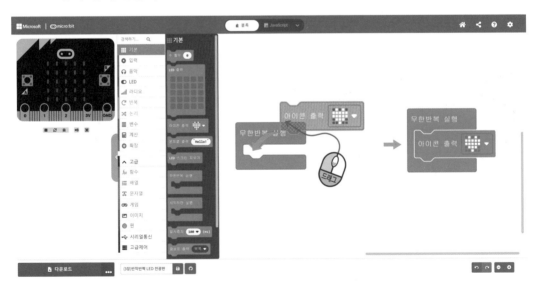

❷ 아이콘 출력 옆의 아이콘 또는 ▼ 버튼을 눌러 행복함 아이콘으로 바꿔주세요.

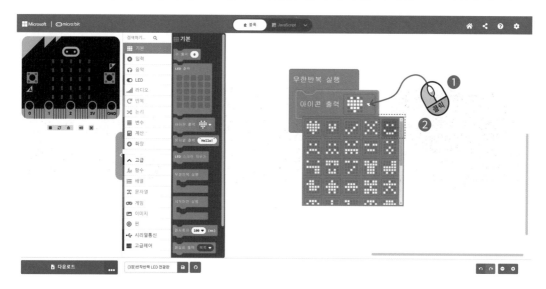

❸ 기본 메뉴에서 문자열 출력 "Hello!"를 가져와
아이콘 출력 블록 아래에 연결한 뒤 "Hello!"를
"Wonderful!"로 바꿔요.

❹ 잠깐! 시뮬레이터를 재생해볼까요?

아이콘이 출력된 후 이어서 오른쪽의 "Wonderful" 문자가 "W"부터 순서대로 흘러나오는 것을 확인할 수 있어요. 아이콘과 문자가 연속해서 나오니 알아보기 쉽지 않네요. 어떻게 해결하면 좋을까요?

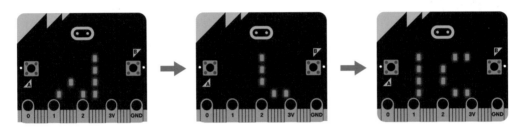

❺ 기본 메뉴에서 LED 스크린 지우기 블록을 가져와 아이콘 출력 블록과 문자열 출력 "Wonderful!" 블록 사이에 연결하면 행복함 아이콘이 출력된 뒤 스크린을 모두 지운 뒤에 문자열이 나타나기 때문에 좀 더 알아보기 쉽게 만들 수 있어요.

궁금해요, 구구박사님! ....

문자열 출력 블록을 이용한 글자는 어째서 움직이는 걸까요?

5x5의 LED로 이루어진 마이크로비트의 LED스크린에서는 여러 글자를 한 번에 표현하는 것에 한계가 있으므로 두 글자 이상의 문자열은 기본적으로 왼쪽에서 오른쪽 방향을 따라 순차적으로 흘러가는 방식으로 출력된답니다.

MakeCode의 시뮬레이터에서 한 글자를 출력할 때와 여러 글자를 출력할 때의 모습을 비교해 보세요.

....

STEP 3 출력시간 설정하기

● 아이콘이 표시되는 시간을 설정해보아요. 기본 메뉴에서 일시중지 100(ms) 블록을 가져와 아이콘 출력 블록과 LED 스크린 지우기 블록 사이에 연결한 뒤 "100ms"를 "2000ms"(2초)로 바꿔요.

　* 100ms는 0.1초 1000ms는 1초를 나타냅니다.

```
무한반복 실행
  아이콘 출력  [▼]
  일시중지  2000 ▼  (ms)
  LED 스크린 지우기
  문자열 출력  "Wonderful!"
```

STEP 4 문자열과 아이콘을 추가하여 전광판 완성하기

❶ 응원의 대상을 나타낼 수 있도록 문자열 출력 "Hello!"를 가져와 문자열 출력 "Wonderful" 아래에 연결한 뒤 "Hello!"를 응원할 사람의 "영문 이름"으로 바꿔요. (여기서는 "Miso"를 사용할게요.)

```
무한반복 실행
  아이콘 출력  [▼]
  일시중지  2000 ▼  (ms)
  LED 스크린 지우기
  문자열 출력  "Wonderful!"
  문자열 출력  "Miso"
```

❷ 기본 메뉴에서 아이콘 출력 블록을 가져와 문자열 출력 "Miso" 아래에 연결하고 하트 모양으로 설정한 뒤 출력시간을 설정하기 위해 일시중지 100(ms) 블록을 가져와 연결해요. 그리고 "100ms"를 "3000ms"(3초)로 바꾸면 완성이에요.

```
무한반복 실행
  아이콘 출력  [▼]
  일시중지  2000 ▼  (ms)
  LED 스크린 지우기
  문자열 출력  "Wonderful!"
  문자열 출력  "Miso"
  아이콘 출력  [▼]
  일시중지  3000 ▼  (ms)
```

STEP 5 프로젝트 완성

- 완성된 프로젝트를 .hex 파일로 다운로드해서 마이크로비트에 넣어요.

- 프로젝트가 잘 작동하는지 확인해요!

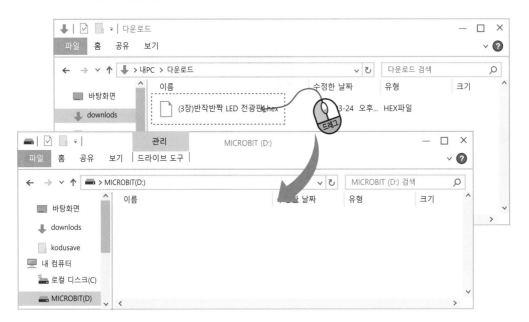

궁금해요, 구구박사님!

한글을 LED로 표현하고 싶어요!

아쉽게도 마이크로비트에서 문자열 출력 블록을 통해 한글을 출력하는 기능은 지원하지 않고 있어요. 그러나 LED 모양을 수동으로 설정하여 몇 가지 간단한 한글을 표현하는 것은 충분히 가능하답니다!

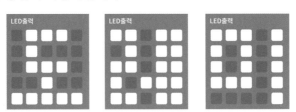

③ 응용하기

(1) 도전해볼까요?

● 내가 전하고 싶은 응원의 메시지를 문자열에 입력하고 출력할 아이콘의 모양과 시간을 바꿔보세요.

(2) 창의적으로 바꿔볼까요?

● 기본 메뉴에서 찾을 수 있는 아이콘 출력 블록 외에도 LED 출력 블록을 이용하면 5x5의 LED를 자유롭게 출력할 수 있어요. LED 출력 블록을 이용해 나만의 아이콘을 만들어서 멋진 응원 메시지를 전광판에 출력해보세요.

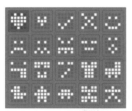

아이콘 출력 (자동 설정)

LED 출력 (수동 설정)

✔Check!

체크	확인해보세요
	정해진 시간 동안 LED 스크린에 아이콘이 출력되나요?
	LED 스크린에 문자열이 순서대로 출력되나요?
	프로그래밍한 응원 문구가 문제없이 잘 반복되나요?

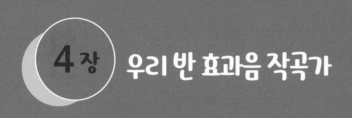

4장 우리 반 효과음 작곡가

우리 반 친구들과 열심히 준비한 연극을 다른 반 친구들 앞에서 공연한다고 해요! 극본은 완성됐고, 소품들도 만드는 중인데, 각 장면이나 대사에 알맞은 효과음이 있다면 연극이 생생해질 것 같아요.

인터넷에서 필요한 효과음을 열심히 검색했지만, 마음에 드는 효과음이 없네요. 각 장면이나 대사에 어울리는 효과음이 콧노래로 흥얼거려지는데, 어떻게 만들지 고민이에요. 각 장면이나 대사에 어울리는 효과음을 쉽게 만들 수 있었으면 좋겠어요!

마이크로비트로 작곡가가 되어 필요한 효과음을 만들어 보는 것은 어떨까요?

 이번 장에서는 무엇을 배울까요?

● 마이크로비트의 스피커 기능과 버튼 기능을 활용할 수 있다.

● 마이크로비트의 음악 블록을 활용하여 멜로디를 만들어 출력할 수 있다.

● 마이크로비트에 새로운 기능을 추가하여 작품을 창의적으로 표현할 수 있다..

1 살펴보기

(1) 스피커를 알아볼까요?

스피커란?

- 스피커는 소리가 출력되는 장치예요. 스피커를 통해 음악이나 음성 등이 출력돼 우리가 들을 수 있어요.

- 사용하는 목적에 따라 다양한 종류의 스피커가 있어요. 큰 소리를 출력하기 위한 대형 스피커도 있고, 평소에 사람들이 많이 쓰는 것처럼 이어폰을 연결하여 소리를 출력하는 스피커도 있어요.

(2) 마이크로비트 속 LED를 만나볼까요?

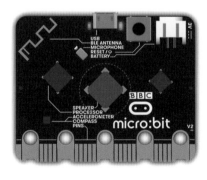

- 마이크로비트의 뒷면 중앙 부분에 소리를 출력할 수 있는 스피커가 내장되어 있어요.

- MakeCode의 음악 블록을 활용하면 마이크로비트의 스피커가 알맞은 소리를 출력해요.

- 음량과 박자를 조절할 수 있고, 내장된 멜로디를 선택하여 연주하는 것도 가능해요.

궁금해요, 구구박사님! ⋯⋯⋯⋯⋯⋯⋯⋯⋯⋯⋯⋯⋯⋯⋯⋯⋯⋯⋯⋯⋯⋯⋯⋯⋯

마이크로비트의 버튼?

버튼은 A와 B 총 2개가 있어요. A를 누를 때, B를 누를 때, A와 B를 함께 누를 때 반응할 수 있도록 설정할 수 있어요. 특정 버튼을 누르면 특정 버튼을 눌렀을 때 실행하도록 설정된 프로그래밍에 따라 반응해요. 버튼을 활용하면 한 개의 마이크로비트로도 다양한 결과를 출력할 수 있어요.

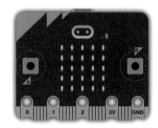

(3) 어떻게 움직일까요?

- 멜로디를 연주하면 LED에 아이콘이 나타나요.
- 버튼을 누르는 방법에 따라 설정한 멜로디가 다르게 연주돼요.
- 로고를 터치하면 멜로디가 멈춰요.

(4) 완성된 작품을 미리 볼까요?

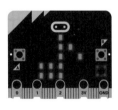

멜로디가 연주되는 동안 아이콘이 나타나요.

버튼을 누르는 방법에 따라 여러 가지 멜로디를 연주해요.

로고를 터치하면 멜로디가 멈춰요.

2 따라하기

(1) 어떻게 연결할까요?

● 필요한 준비물

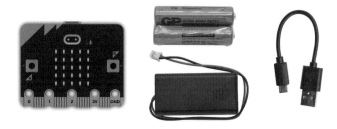

마이크로비트(V2) 세트

궁금해요, 구구박사님! ···

bpm? 멜로디?

bpm이란 beat per minute의 줄임말이에요. 연주하는 곡의 빠르기를 숫자로 나타낼 때 사용해요. 보통 1분 동안 연주하는 곡의 빠르기를 의미해요. 예를 들면, 멜로디를 120bpm 빠르기로 출력 블록의 의미는 설정한 멜로디를 1분 동안 120의 빠르기로 출력하는 것을 말해요. 숫자가 커질수록 연주 속도가 빨라져요.

멜로디란 음의 높낮이와 박자가 있어 연주되는 형태를 의미해요. 마이크로비트에서는 간단한 클릭만으로 음의 높낮이와 박자를 실정할 수 있어요. 멜로디 편집기에서 가장 아래 칸부터 낮은음을 연주하고, 위의 칸으로 갈수록 음이 높아져요.

도-레-미-파-솔-라-시-높은 도 순으로 총 8개의 음이 있어요. 한 줄에 한 박자씩 연주하기 때문에 세로 1줄에 1개의 음만 선택할 수 있어요. 빠르기는 아래 숫자 입력 칸에서 쉽게 조절해요. 멜로디를 편집했다면 ▶을 눌러 확인할 수 있어요. 완료를 누르면 편집한 멜로디가 적용돼요.

···

(2) 어떻게 코딩할까요?

❶ 필요한 코드

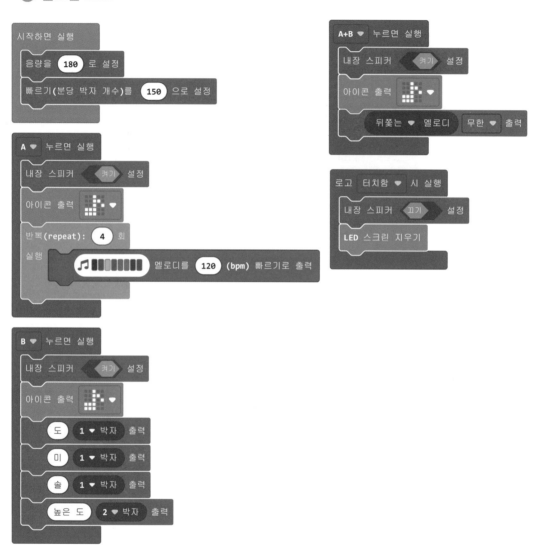

② 코딩 방법

STEP 1 프로젝트 환경 설정하기

● MakeCode 편집기에서 새 프로젝트를 클릭하고, 프로젝트 이름은 '(4장) 우리 반 효과음 작곡가'로 설정해요.

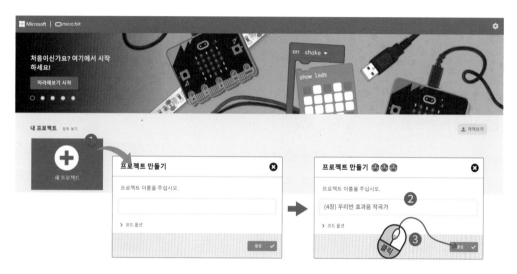

STEP 2 효과음 기본값 설정하기

❶ 기본 메뉴에서 시작하면 실행 블록을 가져와요. 음량과 빠르기의 기본값을 설정해주기 위해 음악 메뉴에서 음량을 127로 설정 블록과 빠르기(분당 박자 개수)를 120으로 설정 블록을 가져와 시작하면 실행 블록 안에 끼워요.

시작하면 실행
음량을 180 로 설정
빠르기(분당 박자 개수)를 150 으로 설정

❷ 음량을 127로 설정 블록의 "127"을
"180"으로, 빠르기(분당 박자 개수)를
120으로 설정 블록의 "120"을 "150"으
로 바꿔요. 자신이 원하는 대로 바꾸어
도 좋아요. 음량 숫자가 클수록 소리의
크기가 커지고, 빠르기 숫자가 클수록
멜로디의 빠르기가 빨라져요.

STEP 3 A 버튼을 누르면 원하는 멜로디 연주하기

❶ 입력 메뉴에서 A 누르면 실행 블록을 가져와요. 음악
메뉴에서 내장 스피커 끄기 설정 블록을 가져와 A 누
르면 실행 블록 안에 연결해요. 기본 메뉴에서 아이콘
출력 블록을 가져와 내장 스피커 끄기 설정 블록 아래
에 연결해요.

❷ A 버튼을 누르면 내장 스피커가 켜지도록 내장 스피
커 끄기 설정 블록의 "끄기"를 "켜기"로 바꿔요.

❸ A 버튼을 누르면 내장 스피커가 켜지고 아이콘을 출
력하기 위해 아이콘 출력 블록의 아이콘을 ♪ 아이
콘으로 바꿔요.

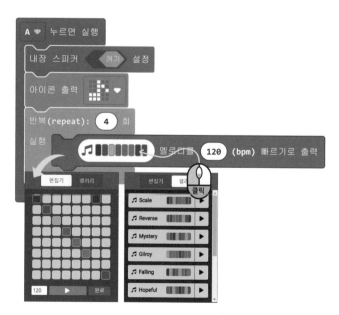

❹ 특정 멜로디를 4번 반복해 연주하도록 반복 메뉴에서 반복(repeat): 4회 실행 블록을 가져와 아이콘 출력 블록 아래에 연결해요. 음악 메뉴에서 ♬ 멜로디를 120(bpm) 빠르기로 출력 블록을 가져와 반복(repeat): 4회 실행 블록 안에 끼워요.

❺ 원하는 멜로디를 연주하려면 멜로디 편집기를 이용해 직접 만들거나, 갤러리의 멜로디를 사용할 수 있어요. 갤러리에는 다양한 멜로디들이 있으니 클릭해보며 들어보세요.

STEP 4 B 버튼을 누르면 음정과 박자를 조합하여 멜로디 연주하기

❶ B 버튼을 누르면 음정과 박자를 조합하여 멜로디를
연주해요. 입력 메뉴에서 A 누르면 실행 블록을 가져
와 "A"를 "B"로 바꿔요. 음악 메뉴에서 내장 스피커
끄기 설정 블록을 가져와 B 누르면 실행 블록 안에 끼
워요. 기본 메뉴에서 아이콘 출력 블록을 가져와 내장
스피커 끄기 설정 블록 아래에 연결해요.

❷ B 버튼을 누르면 내장 스피커가 켜지도록 내장 스피
커 끄기 설정 블록의 "끄기"를 "켜기"로 바꿔요. 아
이콘을 출력하기 위해 아이콘 출력 블록의 아이콘을
♪ 아이콘으로 바꿔요.

❸ "딩동댕동~" 효과음을 출력하기 위해 도 1박자
출력 블록 4개를 아이콘 출력 블록 아래에 연결
해요.

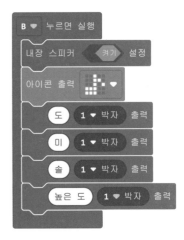

❹ "도-미-솔-높은 도" 효과음을 출력하기 위해 순서에 맞게 알맞은 음정을 선택해요. 높은 도는 2박자 출력하도록 박자를 변경해요. 여러분이 원하는 음정과 박자를 만들어도 좋아요.

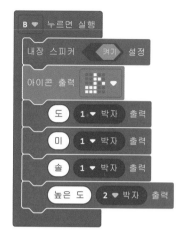

STEP 5 A+B 버튼을 누르면 마이크로비트에 내장된 멜로디 연주하기

❶ A+B 버튼을 누르면 내장된 멜로디를 연주하도록 설정해요. 입력 메뉴에서 A 누르면 실행 블록을 가져와 "A"를 "A+B"로 바꿔요. 음악 메뉴에서 내장 스피커 끄기 설정 블록을 가져와 A+B 누르면 실행 블록 안에 끼워요. 기본 메뉴에서 아이콘 출력 블록을 가져와 내장 스피커 끄기 설정 블록 아래에 연결해요.

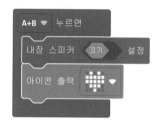

❷ A+B 버튼을 누르면 내장 스피커가 켜지도록 내장 스피커 끄기 설정 블록의 "끄기"를 "켜기"로 바꿔요. 아이콘을 출력하기 위해 아이콘 출력 블록의 아이콘을 ♪ 아이콘으로 바꿔요.

❸ 내장된 멜로디를 출력하기 위해 음악 메뉴에서 다다둠 멜로디 한 번 출력 블록을 가져와 아이콘 출력 블록 아래에 연결해요.

❹ 다다둠 멜로디 한 번 출력 블록의 "다다둠"을 "뒤쫓는"으로 바꿔요. 긴박한 상황에 사용할 수 있는 효과음이에요. 내장된 멜로디가 다양하게 있어 목적에 어울리는 멜로디를 선택할 수 있어요. 멜로디를 계속 출력할 수 있도록 다다둠 멜로디 한 번 출력 블록의 "한 번"을 "무한"으로 바꿔요.

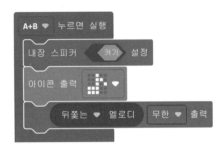

STEP 6 로고 터치하면 효과음 재생 멈추기

❶ 마이크로비트의 로고를 터치하면 효과음 재생이 멈출 수 있도록 해요. 입력 메뉴에서 로고 누름 시 실행 블록을 가져와요. 음악 메뉴에서 내장 스피커 끄기 설정 블록을 가져와 로고 누름 시 실행 블록 안에 끼워요.

❷ 마이크로비트의 로고를 터치하면 효과음 재생이 멈출 수 있도록 로고 누름 시 실행 블록의 "누름"을 "터치함"으로 바꿔요.

❸ 효과음 재생이 멈추면 LED 아이콘이 나타나지 않
도록 기본 메뉴에서 LED 스크린 지우기 블록을 내
장 스피커 끄기 설정 블록 아래에 연결해요.

STEP 7 프로젝트 완성

● 완성된 프로젝트를 .hex 파일로 다운로드해서 마이크로비트에 넣어요.

● 프로젝트가 잘 작동하는지 확인해요!

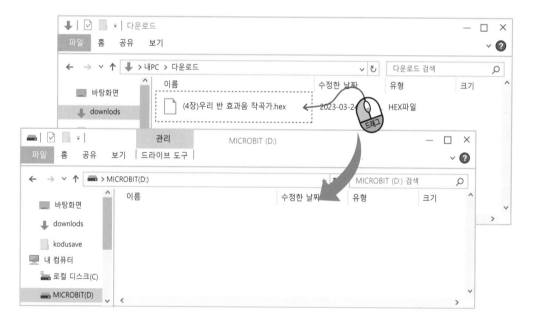

③ 응용하기

(1) 도전해볼까요?

- 마이크로비트의 특정 움직임을 감지해 멜로디의 음량이나 빠르기를 조절할 수 있도록 기능을 추가해볼까요?

(2) 창의적으로 바꿔볼까요?

- 음악 메뉴를 활용하여 마이크로비트 악기를 만들고 친구들과 공유해보아요!

✓Check!

체크	확인해보세요
	A 버튼을 누르면 설정한 멜로디를 4번 반복하나요?
	B 버튼을 누르면 설정한 음과 박자에 맞게 멜로디를 연주하나요?
	A+B 버튼을 누르면 설정한 내장된 멜로디를 계속 반복하여 연주하나요?
	로고를 터치하면 멜로디와 LED가 꺼지나요?

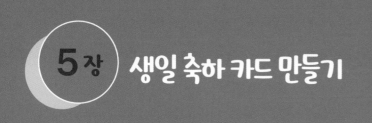

5장 생일 축하 카드 만들기

저녁을 먹고 예능 프로그램을 보는데 생일 파티와 관련된 이야기가 나오네요. 그런데 뭔가 잊은듯한 느낌.. 앗! 내일은 친구 유진이의 생일이에요! 가장 멋진 카드를 준비할 테니 기대하라고 했었는데, 시간이 너무 늦어버렸어요. 유진이는 선물을 받지 못하면 정말 실망할 텐데, 지금이라도 정성이 담긴 특별한 생일 축하 카드를 만들어야겠어요.

마이크로비트로 노래가 나오고 바람을 불어 초도 끌 수 있는 멋진 생일 축하 카드를 만들어보면 어떨까요?

 이번 장에서는 무엇을 배울까요?

- 논리 블록을 통해 조건 및 논리연산 기능을 사용할 수 있다.
- 마이크와 빛 센서를 활용하여 특별한 생일 카드를 만들 수 있다.
- 마이크로비트에 새로운 기능을 추가하여 작품을 창의적으로 표현할 수 있다.

살펴보기

(1) 어떤 센서가 필요할까요?

ⓘ 빛 센서

빛 센서

● 마이크로비트의 LED는 빛을 감지하는 센서의 역할도 해요. 따라서 빛 센서값을 활용하면 주변의 밝기에 따라 마이크로비트의 활동을 제어할 수 있어요. 마이크로비트의 LED를 손으로 감싸면 빛 센서값은 0이 되어요.

ⓘ 마이크

마이크

● 마이크로비트의 뒷면에는 마이크가 내장되어 있어요. 입력 장치 중 하나인 마이크는 소리를 감지할 뿐만 아니라 세기도 측정할 수 있어요. 마이크로비트의 앞면을 보면 마이크 모양 LED가 있는데, 마이크에서 소리가 감지되면 불빛이 켜지면서 인식이 되어요.

(2) 어떻게 움직일까요?

● 카드가 펼쳐져 있으면 생일 축하 노래와 함께 LED에 촛불 모양 아이콘이 나타나요.

● 입으로 바람을 불면 촛불 모양 아이콘이 조금씩 사라져요.

● A+B 버튼을 함께 누르면 사라졌던 촛불 모양 아이콘이 다시 나타나요.

● 카드를 덮으면 아이콘이 사라지고 노랫소리가 멈춰요.

(3) 완성된 작품을 미리 볼까요?

카드를 펼친 상태에서 촛불 모양 아이콘과 생일 노래가 나와요.

입으로 바람을 불면 촛불 모양 아이콘이 조금씩 사라져요.

A+B 버튼을 누르면 아이콘과 노래가 다시 나와요. 카드를 덮으면 노래가 멈춰요.

② 따라하기

(1) 어떻게 연결할까요?

● 필요한 준비물

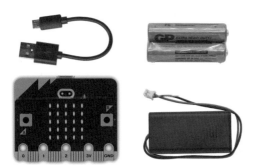 

마이크로비트(V2) 세트 　　　　　 생일 카드 종이

● 연결 방법

카드 뒷면에 마이크로비트와 배터리팩을 다음과 같이 붙여요.

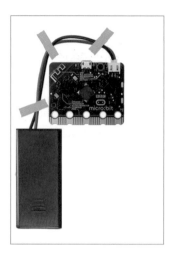

궁금해요, 구구박사님!

논리가 무엇인가요?

MakeCode 프로그램에서는 논리 메뉴를 이용하여 다양한 논리식을 다룰 수 있어요.

기본적인 조건/선택 실행 그룹에서는 만약(if) 참(true)이면 실행 / 아니면(else) 실행 블록 등을 활용해서 조건을 설정하고 조건에 따라 코드를 실행할 수 있어요. 비교 연산 그룹에서는 =(같음), ≠(같지 않음), ≤(이상), ≥(이하), <(초과), >(미만) 등의 값을 비교할 수 있어요. 불(참, 거짓)논리 연산 메뉴에서는 참(true)이나 거짓(false)을 선택하거나 그리고(and), 또는(or), 반대로(not) 같은 논리를 이용할 수도 있어요.

조건문으로 프로그래밍을 할 때는 다른 조건과 겹치거나, 조건이 빠져서 오류가 생기는 경우가 있는지 잘 살펴야 해요. 조금 복잡해 보이지만 잘 활용하면 마이크로비트로 더욱 멋진 작품들을 만들 수 있어요.

(1) 어떻게 연결할까요?

❶ 필요한 코드

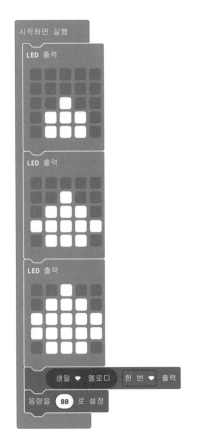

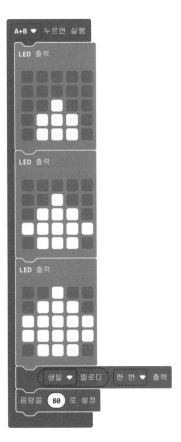

② 코딩 방법

STEP 1 프로젝트 환경 설정하기

- MakeCode 편집기에서 새 프로젝트를 클릭하고, 프로젝트 이름은 "(5장) 생일 축하 카드 만들기"로 설정해요.

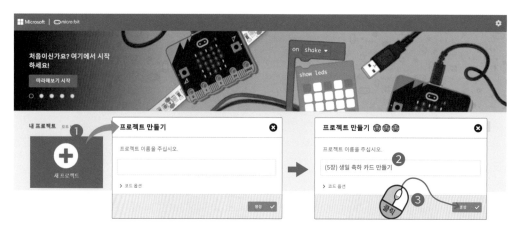

STEP 2 촛불 모양 아이콘과 생일 축하 노래 나타내기

❶ 기본 메뉴에서 시작하면 실행 블록을 가져와요. 촛불이 실감 나게 움직이는 모양을 나타낼 수 있도록 LED 출력 블록을 가져와 2번 더 복사한 뒤에 아래와 같이 아이콘을 만들고 연결해요.

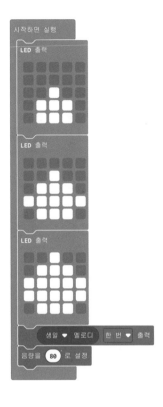

❷ 생일 축하 노래가 촛불 아이콘과 함께 나오도록 음악 메뉴에서 다다둠 멜로디 한 번 출력 블록을 가져와 "다다둠"을 "생일"로 바꿔요. 그리고 LED 출력 블록 아래에 연결해요. 멜로디가 너무 커서 촛불이 사라지는 오류가 생기지 않도록 음량을 설정해야 해요. 음량을 127로 설정 블록을 가져와 연결한 뒤 "127"을 "80"으로 바꿔요.

STEP 3 바람을 불면 촛불 모양 아이콘이 사라지게 만들기

❶ 논리 메뉴에서 만약(if) 참(true)이면(then) 실행 블록을 가져와요.

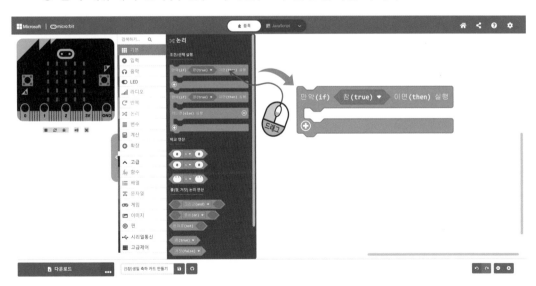

❷ ❶번에서 가져온 만약(if) 참(true)이면 실행 블록을 무한반복 실행 블록 안에 연결해요. 논리 메뉴에서 0=0 블록을 가져와 "참(true)" 부분에 끼워요. 바람을 부는 소리가 들리면 촛불 모양 아이콘이 사라지게 하기 위해 연산자를 ">"으로 바꿔요. 그리고 "0"을 각각 입력 메뉴의 소리 크기와 "128"로 바꿔요.

❸ 촛불이 자연스럽게 꺼지는 것처럼 아이콘을 순차적으로 사라지게 하기 위해 LED 메뉴의 LED 끄기 x 0 y 0 블록을 가져와서 끼워요. 랜덤으로 LED가 꺼질 수 있도록 계산 메뉴의 0부터 10까지의 정수 랜덤값 블록을 가져와서 각각 "0"자리에 끼워요. 그리고 0부터 10까지의 정수 랜덤값 블록 안의 "10"은 각각 "4"로 바꿔요.

무한반복 실행
만약(if) 소리 크기 > 128 이면(then) 실행
LED 끄기 x 0 부터 4 까지의 정수 랜덤값 y 0 부터 4 까지의 정수 랜덤값

STEP 4 카드를 덮으면 소리와 아이콘이 사라지게 하기

❶ 논리 메뉴에서 만약(if) 참(true)이면 실행 블록을 가져와 연결해요. 카드를 덮으면 모든 동작을 멈춘 것처럼 하기 위해 논리 메뉴에서 0<0 블록을 가져와 "참(true)" 부분에 끼워요. 그리고 0<0 블록의 "0"을 각각 입력 메뉴의 빛센서 값과 "1"로 바꿔요.

```
무한반복 실행
  만약(if)  소리 크기  > ▼  128  이면(then) 실행
    LED 끄기 x  0  부터  4  까지의 정수 랜덤값  y  0  부터  4  까지의 정수 랜덤값
  ⊕
  만약(if)  빛센서 값  < ▼  1  이면(then) 실행

  ⊕
```

❷ 기본 메뉴에서 LED 스크린 지우기 블록을 가져와 끼워요. 음악 메뉴에서 모든 소리 끄기 블록을 가져와 LED 스크린 지우기 블록 아래에 연결해요.

```
무한반복 실행
  만약(if)  소리 크기  > ▼  128  이면(then) 실행
    LED 끄기 x  0  부터  4  까지의 정수 랜덤값  y  0  부터  4  까지의 정수 랜덤값
  ⊕
  만약(if)  빛센서 값  < ▼  1  이면(then) 실행
    LED 스크린 지우기
    모든 소리 끄기
  ⊕
```

STEP 5 A+B 버튼 누르면 촛불 모양 아이콘과 노래 나오게 하기

❶ A+B 버튼을 눌렀을 때 아이콘이 다시 나올 수 있도록
입력 메뉴에서 A 누르면 실행 블록을 가져와 "A"를
"A+B"로 바꿔요. 원하는 아이콘 모양을 나타내기 위
해 LED 출력 블록을 2번 복사해서 아래와 같이 연결
해요.

❷ 음악 메뉴에서 다다둠 멜로디 한 번 출력 블록을 가
져와 "다다둠"을 "생일"로 바꿔요. 음량을 127로
설정 블록을 가져와 "127"을 "80"으로 바꾸고 연
결해요.

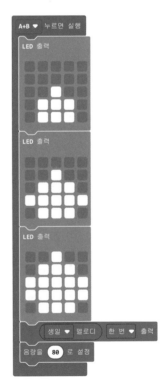

STEP 6 프로젝트 완성

● 완성된 프로젝트를 .hex 파일로 다운로드해서 마이크로비트에 넣어요.

● 프로젝트가 잘 작동하는지 확인해요!

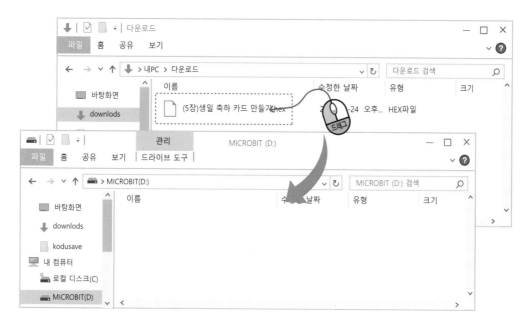

③ 응용하기

(1) 도전해볼까요?

- 이번에는 바람의 양에 따라 촛불 모양 아이콘이 사라지는 모습을 바꿔보아요. 소리가 크면 한 번에 사라지고 소리가 작으면 조금씩 사라지는 모습을 만들어 보세요.

(2) 창의적으로 바꿔볼까요?

- 감사 카드, 축하 카드 등 나만의 새로운 기능을 담아 창의적인 카드를 만들어 보아요!

✔Check!✏

체크	확인해보세요
	마이크로비트를 켜면 생일 노래와 촛불 모양 아이콘이 나타나나요?
	마이크에 바람을 불면 촛불 모양 아이콘이 사라지나요?
	A+B 버튼을 누르면 생일 노래와 촛불 모양 아이콘이 다시 나타나나요?
	카드를 덮으면 아이콘이 사라지고 노래가 멈추나요?

SW·AI를 위한
마이크로비트 with MakeCode

세 걸음

마이크로비트
확장 프로젝트

6장 내 방 프라이버시 지킴이

오늘도 열심히 마이크로비트에 열중하고 있는 준서! 마이크로비트 마스터를 꿈꾸는 준서에게는 고민이 하나 있어요. 바로 가족들이 문을 벌컥벌컥 열고 들어와 프로젝트에 집중할 시간이 없다는 것이에요. 개구쟁이 남동생은 우당탕탕 문을 열고, 누나는 재잘재잘 학교에서 있었던 이야기를 하러 와요.

가족들과 함께하는 시간은 행복하지만, 집중력이 떨어져서 프로젝트를 제대로 진행할 수가 없어요.

마이크로비트로 방문 앞에 사람이 있을 때 알림을 주며 노크하라고 안내하는 내 방 프라이버시 지킴이를 만들어 보면 어떨까요?

 이번 장에서는 무엇을 배울까요?

- 확장 보드를 통해 마이크로비트에 다양한 센서를 연결할 수 있다.
- 인체감지 센서를 통해 사람의 움직임을 감지할 수 있다.
- 마이크로비트에 새로운 기능을 추가하여 작품을 창의적으로 표현할 수 있다.

84 SW·AI를 위한 마이크로비트 with MakeCode

① 살펴보기

(1) 어떤 센서가 필요할까요?

⚠️ 인체감지 센서

● 인체감지 센서는 모션감지 센서 또는 PIR 센서(Passive Infrared Sensor)라고도 불려요. 적외선으로 인체의 이동을 감지할 수 있어요. 우리가 복도를 지나갈 때 자동으로 등이 켜지는 것이나 도난 경보기 등에도 인체감지 센서가 쓰이고 있어요.

(2) 어떻게 움직일까요?

● 마이크로비트가 사람의 움직임을 감지하면 LED에 슬픔 아이콘과 함께 경고음이 울리고 LED 모듈에 빛이 나와요.

● 터치 센서 로고를 누르면 더 긴급한 경고음과 함께 "Knock"라는 문구가 나타나요.

● A 버튼을 누르면 "Welcome" 문구와 함께 LED 모듈의 빛이 꺼져요.

(3) 완성된 작품을 미리 볼까요?

앞   뒤

전원을 켠 상태에서 움직임이 감지되면 슬
픔 아이콘과 함께 경고음이 울려요. 뒷면
LED 모듈에서 빛이 나와요.

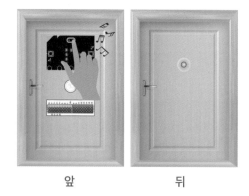

앞   뒤

터치 센서 로고를 누르면 "Knock"라는 문
구와 함께 더 긴급한 경고음이 울려요. 뒷면
LED 모듈에도 계속 빛이 나와요.

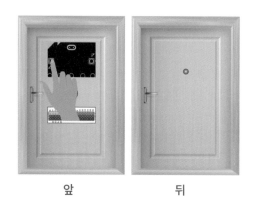

앞   뒤

A 버튼을 누르면 "Welcome"이라는 문구
와 함께 LED의 빛과 경고음이 꺼져요. 다시
움직임이 포착되면 이 과정이 반복돼요.

② 따라하기

(1) 어떻게 연결할까요?

● 필요한 준비물

마이크로비트(V2)세트

LED 모듈

인체감지 센서

방문 종이

3색 점퍼선

마이크로비트 확장 보드

● 연결 방법

❶ 마이크로비트를 확장 보드에 연결해요.

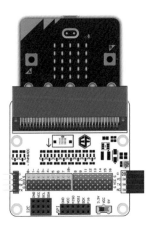

❷ 3색 점퍼선을 이용하여 인체감지 센서와 확장 보드를 연결해요.

인체감지 센서의 S핀은 확장 보드 0번 핀의 노란색과 점퍼선(노란색)으로 연결해요.

인체감지 센서의 V핀은 확장 보드 0번 핀의 검은색과 점퍼선(빨간색)으로 연결해요.

인체감지 센서의 G핀은 확장 보드 0번 핀의 검은색과 점퍼선(검은색)으로 연결해요.

* 핀의 색과 점퍼선의 색을 맞추어보면 쉽게 연결할 수 있어요. 만약 색이 일치하지 않으면 센서가 망가질 수 있으니 꼭 확인해주세요.

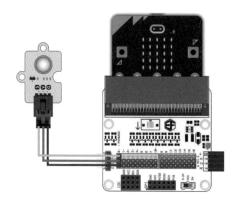

❸ LED 모듈도 인체감지 센서와 같은 방법으로 확장 보드의 P1에 색을 맞춰서 끼워요.

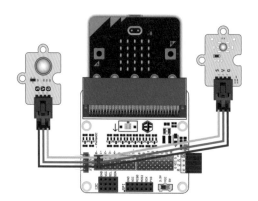

❸ 방문 종이 안쪽에 마이크로비트, 확장 보드, 인체감지 센서, 배터리팩를 아래 그림과
같이 붙여요. 방문 뒤쪽에는 LED 모듈을 붙여요.

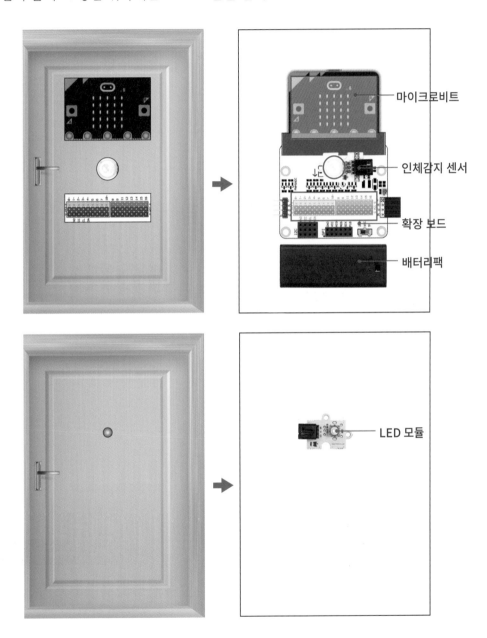

❹ 방문 종이를 아래 그림과 같이 접어요.

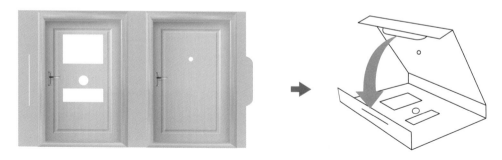

(2) 어떻게 코딩할까요?

❶ 필요한 코드

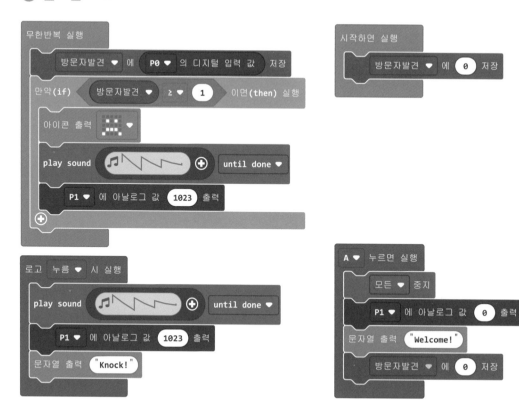

❷ 코딩 방법

[STEP 1] 프로젝트 환경 설정하기

● MakeCode 편집기에서 새 프로젝트를 클릭해요. 프로젝트 이름은 "(6장) 내 방 프라이버시 지킴이"로 설정해요.

[STEP 2] 움직임을 감지하면 아이콘과 경고음이 나오고, LED 모듈이 빛나게 하기

❶ 변수 메뉴에서 변수 만들기를 클릭해서 변수를 추가해요. 변수 이름은 <방문자발견>으로 설정해요.

❷ 방문자가 다가오면 인체감
지 센서가 인식하여 값을 변
수에 저장해야 해요. 변수
메뉴에서 방문자발견에 0 저
장 블록을 가져와 기본 메뉴

의 무한 반복 실행 블록 안에 연결해요. 다음 고급을 선택하면 나오는 핀 메뉴에서
P0의 디지털 입력값 블록을 가져와 방문자발견에 0 저장 블록의 "0" 자리에 끼워
요.

❸ 논리 메뉴의 만약(if) 참
(true)이면(then) 실행 아
니면(else) 실행 블록을 가
져와 방문자발견에 P0의
디지털 입력값 저장 아래
에 연결하고 0=0 블록을
가져와 "참(true)" 부분
에 끼워요. "=" 연산자를

"≥"로 바꾸고 "0" 각각은 방문자발견 블록과 "1"로 바꿔요.

❹ 기본 메뉴에서 아이콘 출
력 블록을 가져와 연결하
고 슬픔 아이콘으로 바꿔
요.

❺ 음악 메뉴에서 Play sound (♫) until done 블록을 가져와 연결해요. ➕버튼을 눌러서 경고음 느낌이 나는 나만의 멜로디를 설정해요.

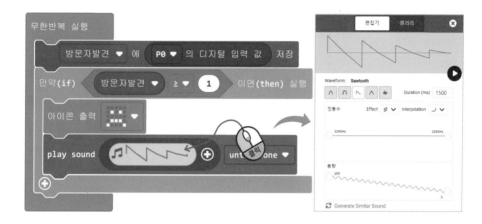

❻ 내 방의 LED 모듈에서 빛이 나오도록 고급의 핀 메뉴에서 P0에 아날로그값 출력 블록을 가져와 끼우고 "P0"을 "P1"으로 "0"을 "1023"으로 바꿔요.

디지털 값과 아날로그 값의 차이가 무엇인가요?

마이크로비트에서는 디지털 값과 아날로그 값을 입력하고 출력할 수 있어요. 우리는 이 신호를 이용해 다양한 센서를 연결해서 프로젝트를 만들 수 있어요. 디지털이란 데이터를 "0" 또는 "1"과 같이 끊어져 있는 비연속적인 값을 말하고, 아날로그는 끊임없이 이어진 연속된 값을 말해요.

시계를 예로 들어보면 시침 분침을 가지고 있는 시계는 아날로그 시계, 화면에 숫자가 나오는 시계는 디지털 시계라고 할 수 있어요. 컴퓨터와 같이 반도체가 들어간 대부분 물건은 전기가 통할 때를 "1" 통하지 않을 때는 "0"으로 신호를 구분해요.

마이크로비트도 디지털 신호만 출력할 수 있어요. 하지만 DC 모터의 속도나 LED의 밝기 등을 설정할 때는 아날로그의 신호가 필요하기 때문에 디지털 신호의 "0(꺼짐)"과 "1(켜짐)" 값을 빠르게 반복하며 그 평균값으로 아날로그 출력값을 만들어서 위의 P1에 아날로그값 1023 출력처럼 사용할 수 있어요.

여기서 "1023"은 아날로그 신호의 최댓값이랍니다. 만약 LED를 끄고 싶다면 "0"을 입력해주세요.

STEP 3 마이크로비트가 시작할 때마다 입력값 초기화하기

❶ 마이크로비트가 시작할 때마다 기존 변수에 저장된 값은 초기화하고 새로운 입력값을 저장할 수 있도록 설정해야 해요. 변수 메뉴에서 방문자발견에 0 저장 블록을 가져와 기본 메뉴의 시작하면 실행 블록 안에 끼워요.

STEP 4 터치 센서 로고를 누르면 문구와 경고음이 나오고, LED 모듈이 빛나게 하기

❶ 방문자가 노크하지 않고 방
문을 만졌을 때, 더 긴급한 경
고음 소리가 날 수 있도록 음
악 메뉴에서 Play sound (♫)
until done 블록을 가져와 입

력 메뉴에서 로고 누름 시 실행 블록에 끼워요. ⊕버튼을 눌러서 더 긴급한 경고음
느낌이 나는 나만의 멜로디를 설정해요.

❷ 내 방의 LED 전구에 불이 계
속 들어올 수 있도록 고급의
핀 메뉴에서 P0에 아날로그
값 출력 블록을 가져와 연결
하고 "P0"을 "P1"으로 "0"을
"1023"으로 바꿔요.

❸ 기본 메뉴에서 문자열 출력
"Hello!" 블록을 가져와 연
결해요. 노크해야 한다는 것
을 알릴 수 있도록 문자열
"Hello"를 "Knock!"로 바꿔
요.

A 버튼을 누르면 문구가 나오고, 경고음과 LED 모듈의 빛을 끄기

❶ 방문자가 A 버튼을 눌러서 노크하면 모든 경고음 소리가
중지되도록 음악 메뉴에서 모든 중지 블록을 가져와 입력
메뉴에서 A 누르면 실행 블록에 끼워요.

❷ 내 방의 LED 전구에 불이 꺼지도록 고급의
핀 메뉴에서 P0에 아날로그값 출력 블록을
가져와 연결하고 "P0"을 "P1"으로 바꿔요.

❸ 기본 메뉴에서 문자열 출력 "Hello!" 블록
을 가져와 연결해요. 문을 열고 들어오라
는 것을 알릴 수 있도록 문자열 "Hello"를
"Welcome!"으로 바꿔요.

❹ 다른 방문자가 왔을 때 다시 알릴 수 있도록
기존 저장된 값은 초기화하고 새로운 입력
값을 저장할 수 있도록 설정해야 해요. 변수
메뉴에서 방문자발견에 0 저장 블록을 가져
와 연결해요.

STEP 6 프로젝트 완성

● 완성된 프로젝트를 .hex 파일로 다운로드해서 마이크로비트에 넣어요.

● 프로젝트가 잘 작동하는지 확인해요!

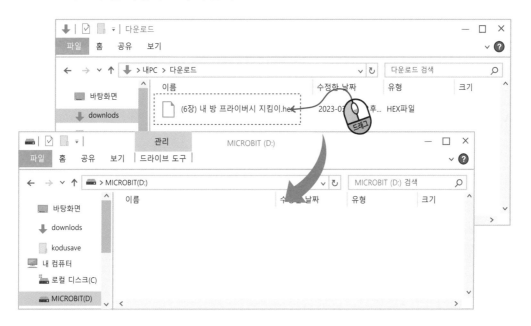

(1) 도전해볼까요?

● 이번에는 마이크로비트의 소리 감지 기능을 활용해보아요. 노크 소리를 인식하면 행복함 아이콘이 나오는 기능을 추가해볼까요?

(2) 창의적으로 바꿔볼까요?

● 초음파 센서와 같이 다른 센서를 활용하여 업그레이드 기능이 들어간 나만의 프라이버시 지킴이를 만들어보아요!

☑Check!

체크	확인해보세요
	마이크로비트가 사람의 움직임을 감지하면 LED에 슬픔 아이콘과 경고음이 나오고 LED 모듈에서 빛이 들어오나요?
	터치 센서 로고를 누르면 더 긴급한 경고음과 함께 "Knock"라는 문구가 나오나요?
	A 버튼을 누르면 "Welcome" 문구가 나오고 경고음과 LED 모듈의 빛이 꺼지나요?

7장 AI 손 건조기 만들기

여러분은 외출했다가 집에 돌아오면 가장 먼저 무엇을 하나요? 아마 곧바로 화장실로 달려가 손을 씻을 거예요. 손을 잘 씻으면 감염병을 예방할 수 있다고 해요.

유진이도 보글보글 비누 거품을 내서 열심히 손을 씻고 있어요. 앗! 그런데 화장실에 수건이 다 떨어졌어요! 유진이의 손바닥에서 물방울이 뚝뚝 떨어지고 있네요. 이 상태로 화장실을 나가면 온 바닥에 물방울이 뚝뚝 떨어질 거예요.

유진이는 며칠 전 부모님과 갔던 카페 화장실에서 보았던 건조기가 떠올랐어요. 우리 집 화장실에도 손 건조기가 있다면 정말 좋을 것 같아요!

이미지 인식 기술을 활용하여 손을 인식하면 바람이 나오도록 작동하는 AI 손 건조기를 만들면 어떨까요?

 이번 장에서는 무엇을 배울까요?

● 이미지 인식 기술의 원리와 활용 방법을 이해할 수 있다.

● 이미지 인식 기술을 활용하여 AI 손 건조기를 만들 수 있다.

● 인공지능 기술을 활용하여 작품을 창의적으로 표현할 수 있다.

※ 이번 장에서는 이미지 인식 기술을 사용하기 때문에, 카메라가 연결된 노트북 또는 데스크톱 환경이 필요해요.

① 인공지능(AI) 이미지 인식하기

(1) 이미지 인식 기술을 알아볼까요?

이미지 인식 기술은 인공지능을 통해 이미지에 포함된 사물을 인식하고 분류하는 기술을 말해요. 최근에는 이미지 인식 기술이 자율주행, 의료, 제조 등 다양한 분야에서 활용되고 있어요.

화단에 예쁘게 피어난 꽃을 보며 어떤 꽃인지 궁금했던 경험이 있나요? 이미지 인식 기술을 활용하면 쉽게 꽃의 이름을 알 수 있어요. 카메라로 알고 싶은 꽃을 비추면 인공지능이 이미지 속 꽃의 특징을 분석하여 이름을 알려주어요. 이처럼 이미지 인식 기술을 사용하면 카메라로 대상을 인식하고 관련된 정보를 찾을 수 있어요. 그 외에도 이미지 인식 기술을 활용하면 사진으로 찍은 파일을 텍스트로 변환하여 저장할 수 있고, 주변을 인식하여 가까운 관광명소를 검색할 수도 있어요.

꽃 검색 서비스[1]

OCR(문자 인식)[2]

구글렌즈[3]

---

1) https://www.kakaocorp.com/page/service/service/Daum

2) https://blog.naver.com/powertheone/222715980768

3) https://lens.google/intl/ko/#device

 궁금해요, 구구박사님! ....

인공지능은 무엇인가요?

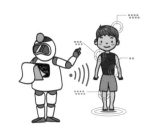

인공지능, 영어로는 AI(Artificial Intelligence)라고 불리는데요. 인공지능은 컴퓨터가 생각과 학습을 통해 스스로 결정을 내릴 수 있는 기술을 의미해요. 인공지능이라는 말은 1956년 미국 다트머스 학회에서 처음 사용된 용어로, 수학자와 과학자들이 함께 모여 '인간처럼 생각할 수 있는 기계'의 이름을 인공지능이라고 지었어요. 시간이 지나면서 인공지능은 사람의 신경망과 유사한 방식으로 발전하여 주어진 정보를 스스로 분석하고, 학습하면서 결정하는 방향으로 발전하고 있어요.

인공지능의 다양한 기능 중 이미지, 텍스트, 음성, 동작 인식 기술은 사람이 눈과 귀 등을 통해 세상을 인식하고 판단을 내리는 것처럼 컴퓨터가 특정 정보를 인식해서 무엇인지를 구분하거나 어떻게 할 것인지 결정 내리는 것을 가능하게 하여 우리 생활에 큰 도움이 되고 있어요.

(2) teachablemachine.withgoogle.com 들어가기

티처블머신(Teachable Machine)은 구글이 머신러닝 모델의 학습 과정을 쉽게 이해하고, 누구나 쉽게 모델을 생성해 활용할 수 있도록 만든 웹 사이트에요. 티처블머신을 이용하면 인공지능 기술을 체험할 수 있을 뿐만 아니라 생성한 학습 모델을 다양한 프로젝트에 적용할 수 있어요.

● https://teachablemachine.withgoogle.com을 직접 주소창에 입력하거나 검색창에 Teachable Machine 또는 티처블머신을 입력해요.

(3) Teachable Machine 메인 화면 둘러보기

- Teachable Machine의 메인 화면이에요. 시작하기를 누르면 다음 화면으로 이동해요.

(4) 이미지 인식 프로젝트 생성하기

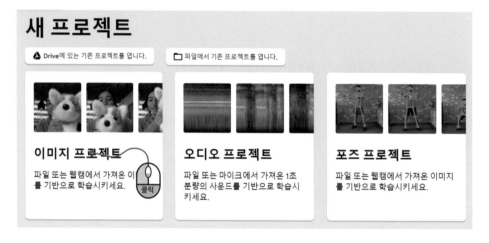

- Teachable Machine은 이미지 인식, 음성 인식, 움직임 인식 기술을 제공해요. 이미지 프로젝트를 눌러 이미지 인식 프로젝트를 시작해요.

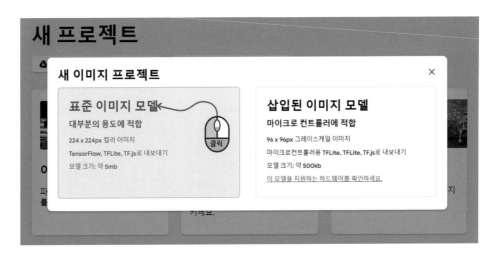

● 표준 이미지 모델을 눌러 새 프로젝트를 시작해요.

(5) 프로젝트 화면 둘러보기

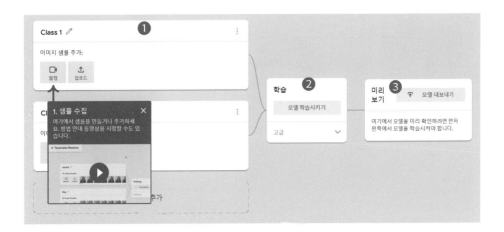

❶ 샘플 수집하기 : 샘플을 만들거나 추가할 수 있어요.

❷ 모델 학습시키기 : 모델을 학습시킬 수 있어요.

❸ 모델 내보내기 : 모델이 잘 학습되었는지 확인하고 내보낼 수 있어요.

클래스(Class)가 무엇인가요?

티처블머신은 지도학습을 기반으로 해요. 지도학습은 쉽게 설명하면 인공지능에 A, B 와 관련된 사진을 보여주면서, "이 사진들과 비슷한 사진은 A라고 분류하고, 이 사진들과 비슷한 사진은 B라고 분류해."라고 정답을 알려주며 학습시키는 것을 의미해요.

이렇게 분류하기 위해 정해진 기준을 클래스라고 해요. 티처블머신에서는 클래스를 미리 설정하고 각각의 클래스에 해당하는 충분한 데이터로 모델을 학습시키면 새로운 데이터가 어떤 클래스에 가까운지 분류할 수 있어요.

(6) 샘플 수집하기

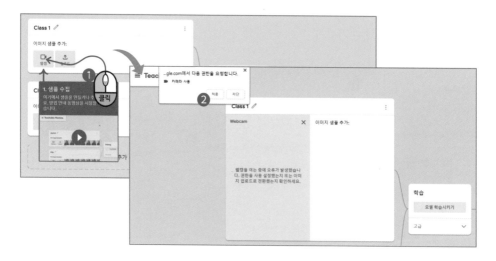

- 이미지 샘플을 추가하는 방법은 크게 웹캠을 사용하는 방법과 업로드 방법이 있어요. 웹캠을 사용하는 경우 훈련에 필요한 이미지를 직접 촬영할 수 있어요.

- 업로드를 사용하는 경우 훈련에 필요한 이미지를 컴퓨터에서 불러올 수 있어요. 웹캠을 선택하는 경우, "허용" 버튼을 눌러야 카메라를 사용할 수 있어요.

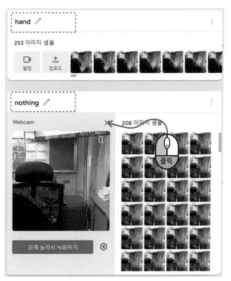

● 이미지 모델을 통해 분류할 클래스를 설정해요. AI 손 건조기는 손과 손이 아닌 물체를 구분해야 해요. 따라서 이 책에서는 클래스를 "hand"와 "nothing"으로 설정할 거예요. 클래스의 이름은 여러분이 자유롭게 수정해도 괜찮지만, 다른 사람이 처음 보아도 이해할 수 있도록 설정하는 것이 좋아요.

● 이 책에서는 웹캠을 사용하여 이미지 샘플을 수집해볼게요. 길게 눌러서 녹화하기 버튼을 누르면, 누르고 있는 동안 자동으로 웹캠을 통해 촬영된 이미지 샘플을 저장해요. 이미지를 입력할 때는 정확한 학습을 위해 다양한 각도에서 이미지를 촬영하는 것이 좋아요.

● 웹캠을 사용하여 "hand"와 "nothing" 클래스에 해당하는 이미지 샘플을 수집했어요. 적절한 이미지 샘플이 많을수록 모델의 정확도가 높아져요. 반면에 부적절한 이미지 샘플은 적은 양이라도 모델의 정확도를 떨어뜨려요. 따라서 적절하지 않은 이미지는 X 버튼을 눌러 삭제하는 것이 좋아요.

이미지 샘플을 업로드해도 되나요?

티처블머신은 이미지 샘플을 직접 촬영하거나 업로드할 수 있어요. 적절한 이미지를 직접 촬영하기 어려운 경우, 다운받은 이미지를 업로드하면 보다 나은 학습 결과를 얻을 수 있어요.

샘플 이미지는 다음과 같은 방법으로 업로드할 수 있어요.

❶ 이미지 샘플 추가 메뉴에서 업로드 버튼 ⬆️업로드 을 클릭해요.

❷ 업로드 방법에는 크게 두 가지가 있어요. 하나는 컴퓨터의 파일에서 이미지를 선택하는 방법이고, 다른 하나는 구글 드라이브에서 이미지를 가져오는 방법이에요. 원하는 방법에 따라 클릭하여 이미지 샘플을 불러오면 돼요.

❸ 컴퓨터 파일에서 이미지를 선택하려면 이미지 샘플이 있는 폴더에 들어가 불러올 이미지를 두 번 클릭하거나 드래그해요.

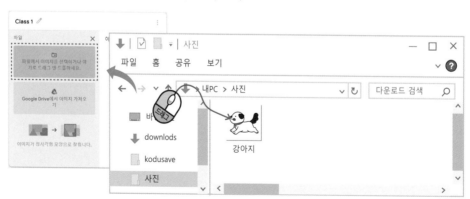

❹ 구글 드라이브에서 이미지를 가져오려면 구글 계정과 티처블머신을 연결하고 불러올 이미지를 선택해 select 버튼을 눌러요.

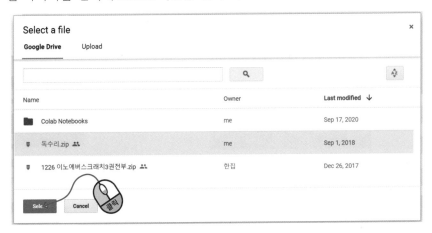

(7) 모델 학습시키기

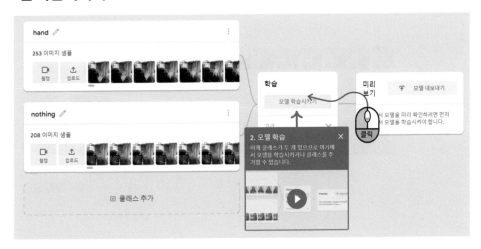

- 샘플 수집을 완료했다면, 모델 학습시키기 버튼을 눌러 모델을 학습시켜요.
- 모델을 학습시키는 동안 티처블머신 화면을 내리거나 닫으면 학습이 정상적으로 완료되지 않아요.

(8) 모델 내보내기

● 모델 학습이 완료되면, 모델이 잘 학습되었는지 확인할 수 있어요. 웹캠을 사용하여 모델이 "hand"와 "nothing"을 잘 구분하는지 확인해요.

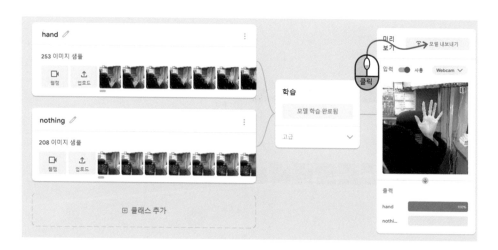

● 마이크로비트 프로젝트에서 모델을 사용하려면 모델을 내보내야 해요. 모델 내보내기 버튼을 클릭해요.

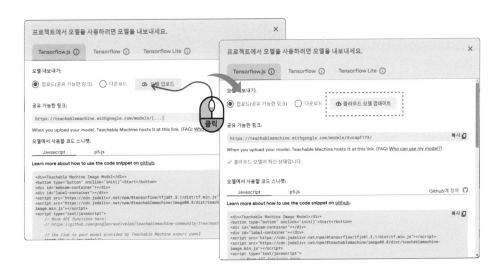

● 모델 내보내기 메뉴의 모델 업로드 버튼을 클릭하면 모델 업로드 버튼이 클라우드 모델 업데이트로 바뀌며 외부로 공유할 수 있는 링크가 생성돼요.

② p5.js Web editor 들어가기

(1) p5.js Web editor 들어가기

- 인터넷 주소창에 https://editor.p5js.org/krantas/sketches/IKUf43rB를 입력하거나 검색창에 Teachable Machine Image Recognition Serial Output을 입력하고 링크를 클릭하여 접속해요.

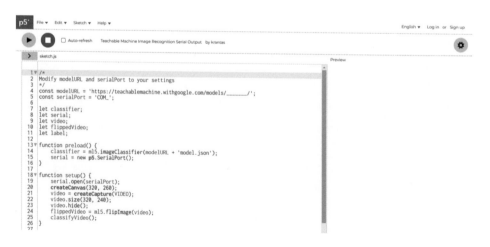

- 이 코드를 사용하면 티처블머신으로 학습시킨 모델을 통해 웹캠에 인식되는 이미지를 분류하고, 그 값을 USB 포트를 통해 마이크로비트로 전송할 수 있어요.

(2) 이미지 인식 모델 적용하기

● 티처블머신으로 학습시킨 모델을 불러오기 위해 복사 버튼을 눌러 생성한 링크를 복사해요.

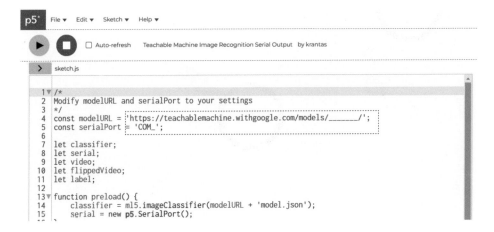

● modelURL(4번째 줄)에서 우리에게 필요하지 않은 작은따옴표 안의 내용을 드래그하여 선택하고 삭제해요. 삭제한 위치에 복사한 링크 주소를 붙여넣기 해요. (이때 작은따옴표를 실수로 삭제하지 않도록 주의해야 해요.)

● serialPort(5번째 줄)에는 마이크로비트가 연결된 컴퓨터의 포트 번호를 적어요. 예를 들어, COM8과 연결되어 있다면, 'COM8'로 수정해야 해요. (여기서도 작은따옴표를 실수로 삭제하지 않도록 주의해야 해요.)

포트 번호를 어떻게 확인하나요?

마이크로비트와 연결된 포트 번호는 다음과 같은 방법으로 확인할 수 있어요.
이 책에서는 윈도우10(Win10)을 기준으로 설명하고 있어요.

❶ 왼쪽 아래에 있는 시작 버튼을 마우스 오른쪽 버튼으로 클릭해요.

❷ 장치 관리자 메뉴를 선택해요.

❸ 장치 관리자 메뉴에서 포트(COM & LPT) 왼쪽에 있는 ∨표시를 클릭하면, USB 직렬
장치를 확인할 수 있어요. 옆에 적힌 COM3이 포트 번호에요.

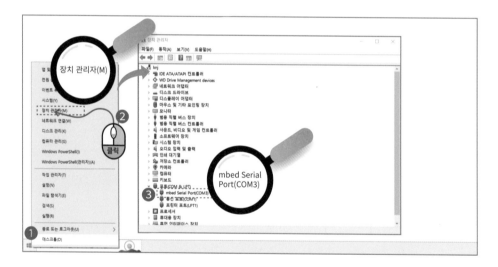

(3) p5 serial control 설치하기

● 인터넷 주소창에 https://github.com/p5-serial/p5.serialcontrol/releases를 입력하여 접속하거나 검색창에 p5 serial control을 검색하고 링크를 클릭하여 접속해요.

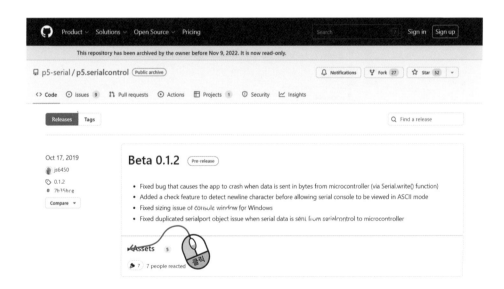

● Beta 0.1.2 아래의 Assets 왼쪽의 삼각형을 클릭해요.

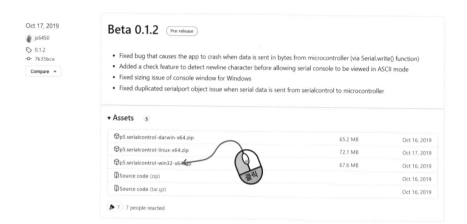

- 사용하는 컴퓨터의 운영체제에 맞는 프로그램을 다운로드해요. 윈도우를 사용하고 있다면, p5.serialcontrol-win32-x64.zip을 클릭하여 다운로드해요.

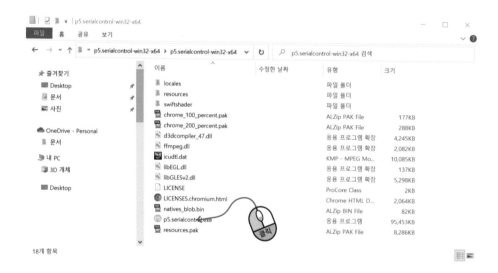

- 다운로드한 파일을 찾아 압축을 해제해요. 압축을 해제하면 p5.serialcontrol-win32-x64 폴더가 만들어져요.

- 만들어진 폴더를 더블클릭하여 p5.serialcontrol-win32-x64 폴더 내의 여러 파일 중에서 p5.serialcontrol.exe 파일을 실행해요.

- 프로그램을 실행하면 위와 같은 화면이 나타나요.

- 장치관리자에서 확인한 포트 번호를 선택하고 "Open"을 클릭하면, 선택한 포트를 통해 컴퓨터와 마이크로비트가 데이터를 주고받을 수 있어요.

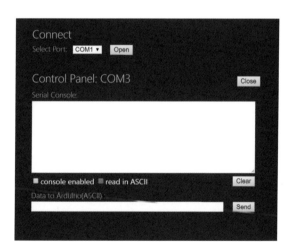

- 연결이 완료되면 위와 같은 화면을 확인할 수 있어요.

(4) 이미지 인식 확인하기

- 실행 버튼을 누르면 오른쪽 화면에 웹캠으로 보이는 화면이 나와요.

- 티처블머신으로 학습한 모델이 실행되며 이미지 분류 결과를 화면 아래와 왼쪽 아래 콘솔 창에 출력해요.

③ 살펴보기

1) 어떤 센서가 필요할까요?

⑨ DC모터

- 모터는 자석의 원리로 작동해요. 입력을 받으면 전자석을 이용해 중앙의 자석을 회전시켜 모터가 작동해요.

- 모터는 자동차의 바퀴나 선풍기의 날개, 세탁기 등에 사용되어요.

(2) 어떻게 움직일까요?

- 웹캠을 통해 이미지를 인식해요.

- 이미지 인식 결과가 "hand"이면 DC모터가 작동하며 LED에 행복함 아이콘을 출력해요.

- 이미지 인식 결과가 "nothing"이면 DC모터가 멈추며 LED에 틀림 아이콘을 출력해요.

(3) 완성된 작품을 미리 볼까요?

웹캠에 손이 보이면 이미지 인식 결과 "hand"가 출력되고, DC모터가 작동하며 LED에 행복함 아이콘이 나타나요.

웹캠에 손이 보이지 않으면 이미지 인식 결과 "nothing"이 출력되고, DC모터가 멈추며 LED에 틀림 아이콘이 나타나요.

④ 따라하기

1) 어떻게 연결할까요?

● 필요한 준비물

마이크로비트(V2)세트   마이크로비트 확장 보드

DC모터+날개   3색 점퍼선

● 연결 방법

❶ 마이크로비트를 확장 보드에 연결해요.

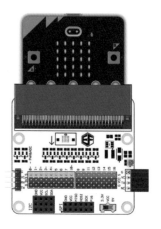

❷ 색 점퍼선을 이용하여 DC모터와 확장 보드를 연결해요.

DC모터의 S핀은 확장 보드 13번 핀의 파란
색과 점퍼선(노란색)으로 연결해요.

DC모터의 V핀은 확장 보드 13번 핀의 빨간
색과 점퍼선(빨간색)으로 연결해요.

DC모터의 G핀은 확장 보드 13번 핀의 검은
색과 점퍼선(검은색)으로 연결해요.

* 핀의 색과 점퍼선의 색을 맞추어보면 쉽게 연결할
수 있어요. 만약 색이 일치하지 않으면 센서가 망가
질 수 있으니 꼭 확인해주세요.

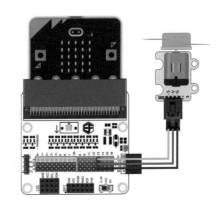

❸ 마이크로비트와 컴퓨터를 연결하여 DC모터에 전원을 공급해요.

* 마이크로비트의 DC모터를 연결한 상태로 . hex 파일을 가져오면, 처음에는 손을 인식하지 않아
도 DC모터가 작동해요. 다치지 않도록 DC모터는 가장 마지막에 연결해요.

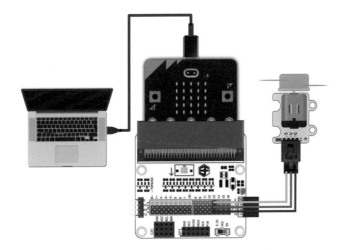

궁금해요, 구구박사님!

마이크로비트의 핀이란 무엇인가요?

BBC 마이크로비트에는 보드 아래쪽에 외부 장치들을 연결할 수 있는 25개의 '핀'이 있어요. 핀을 사용하면 전기가 흐르는 회로를 만들 수도 있고 다른 물건이나 장치들을 연결할 수 있어요.

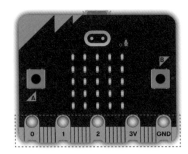

5개(0, 1, 2, 3V, GND)의 큰 핀에는 구멍이 있어서 악어 클립이나 4mm 바나나 플러그를 이용해서 쉽게 연결할 수 있어요. 그리고 같은 줄에 20개의 작은 핀들이 함께 더 있어서 아랫부분을 확장 보드의 커넥터와 연결해 사용할 수 있어요.

2) 어떻게 코딩할까요?

❶ 필요한 코드

```
무한반복 실행
    신호 ▼ 에 (시리얼통신 수신값:문자열) 저장
    만약(if)  신호 ▼  = ▼  "hand"  이면(then) 실행
        아이콘 출력 [::]  ▼
        P13 ▼ 에 디지털 값 1 출력

    만약(if)  신호 ▼  = ▼  "nothing"  이면(then) 실행
        아이콘 출력 [::]  ▼
        P13 ▼ 에 디지털 값 0 출력
```

```
시작하면 실행
    시리얼통신 연결 설정:
    TX  USB_TX ▼
    RX  USB_RX ▼
    baud rate 9600 ▼
```

❷ 코딩 방법

STEP 1 프로젝트 환경 설정하기

❶ MakeCode 편집기에서 새 프로젝트를 클릭해요. 프로젝트 이름은 "(7장) AI 손 건조기 만들기"로 설정해요.

❷ 이미지 인식 모델을 사용하기 위해서는 시리얼 통신을 연결해야 해요. ∨고급 메뉴를 눌러 시리얼통신 메뉴를 선택해요.

❸ 시리얼통신 메뉴에서 시리얼통신 연결 설정: 블록을 가져와 기본 메뉴의 시작하면
실행 블록 안에 끼워요. ▼ 버튼을 눌러 TX는 "USB_TX"로, RX는 "USB_RX"
로, 그리고 baud rate는 "9600"으로 선택해요.

궁금해요, 구구박사님! ···

시리얼 통신이 무엇인가요?

시리얼 통신은 컴퓨터와 마이크로비트가 USB 연결을 통해 데이터를 주고받는 통신
방법을 말해요.

TX에서는 데이터를 전송할 핀을 선택할 수 있어요.

RX에서는 데이터를 전달받을 핀을 선택할 수 있어요.

7장에서는 USB 연결을 통해 데이터를 주고받기 때문에, TX와 RX를 각각 USB_TX와
USB_RX로 설정했어요.

baud rate는 데이터를 주고받는 통신 속도를 의미해요. 일반적으로 9600이나 115200을
사용해요.

···

STEP 2 이미지 인식 결과를 마이크로비트로 전달받기

❶ 변수 메뉴에서 변수 만들기를 클릭해서 변수를 추가해요. 컴퓨터와 주고받는 통신 내용을 입력받도록 변수 이름을 <신호>로 설정해요.

❷ 변수 메뉴에서 신호에 0 저장 블록을 가져와 기본 메뉴의 무한반복 실행 블록 안에 연결해요. 시리얼통신 메뉴의 시리얼통신 수신값:문자열 블록을 "0" 자리에 끼

워요. 이 블록을 사용하면 <신호>에 컴퓨터가 보낸 데이터를 저장할 수 있어요.

❸ <신호>에 저장된 값에 따라 조건을 설정하기 위해 논리 메뉴에서 만약 (if) 참(true) 이면(then) 실행 블록을 2개 가져와 연결해요.

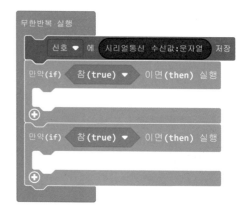

❹ <신호>에는 우리가 티처블머신에서 설정한 클래스 이름인 문자열이 입력되어요. 따라서 문자열을 비교할 수 있도록 논리 메뉴의 비교 연산에서 " " = " " 블록을 가져와 참(true) 블록 자리에 끼워요.

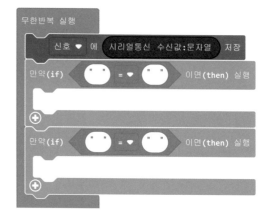

❺ 변수 메뉴에서 신호 블록을 2개 가져와 " " = " " 블록의 첫 번째 문자열(" ") 자리에 하나씩 끼워요.

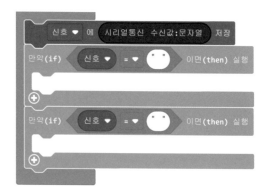

❻ " " = " " 블록의 두 번째 문자열
(" ") 자리에는 앞서 티처블머신
에서 설정한 클래스 이름을 입
력해요. 이 책에서는 "hand"와
"nothing"을 사용했어요.

❼ <신호> 값에 따라 다른 아이콘을
출력하도록 기본 메뉴의 아이콘
출력 블록을 2개 가져와 아래처
럼 연결해요. ▼ 버튼을 눌러 <
신호> 값이 "hand"이면 행복함
아이콘을, "nothing"이면 틀림
아이콘을 출력하도록 설정해요.

❽ <신호> 값에 따라 DC모터를 작
동시키도록 핀 메뉴에서 P0에
디지털 값 0 출력 블록을 2개 가
져와 아래처럼 연결해요. DC모
터는 13번 핀에 연결되어 있으므
로 P0에 디지털 값 0 출력 블록
의 "P0"을 모두 "P13"으로 바꿔
요.

❾ <신호> 값이 "hand"이면 DC모터가 작동하여 바람이 불도록 첫 번째 P13에 디지털 값 0 출력 블록의 "0"을 "1"로 바꿔요.

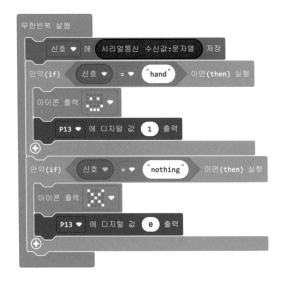

STEP 3 프로젝트 완성

● 완성된 프로젝트를 .hex 파일로 다운로드해서 마이크로비트에 넣어요.

● 프로젝트가 잘 작동하는지 확인해요!

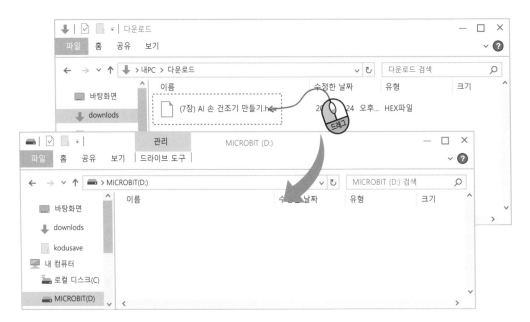

Micro:bit with Dr. GUGU

⑤ 응용하기

(1) 도전해볼까요?

- 이번에는 티처블머신의 이미지 인식 기술을 활용하여 다른 이미지 인식 모델을 만들어 보아요.

- 내 얼굴을 인식하면 AI 손 건조기가 작동하도록 모델을 학습시켜볼까요?

(2) 창의적으로 바꿔볼까요?

- 요즘 인공지능 기술을 활용한 제품들이 많아지면서, 우리 생활에도 변화가 생기고 있어요.

- 마이크로비트와 인공지능 기술을 활용하여 나만의 제품을 만들어보아요!

✔Check!

체크	확인해보세요
	웹캠에 손이 보이면 p5.js Web editor가 "hand"를 인식하나요?
	"hand"가 인식되면 마이크로비트의 DC모터가 작동하나요?
	"hand"가 인식되면 마이크로비트에 행복함 아이콘이 출력되나요?
	웹캠에 손이 안보이면 p5.js Web editor가 "nothing"을 인식하나요?
	"nothing"이 인식되면 마이크로비트의 DC모터가 멈추나요?
	"nothing"이 인식되면 마이크로비트에 틀림 아이콘이 출력되나요?